LONELINESS
A record of the exhibition and forum *Ministries of Loneliness*,
15th Gwangju Biennale Italian Pavilion

Soik Jung
Rebecca Moccia

외로움
제15회 광주비엔날레 이탈리아관 전시와 포럼
《외로움의 지형학》을 기록하다.

정소익
레베카 모치아

IN COMMEMORATION OF THE FIFTEENTH GWANGJU BIENNALE ITALIAN PAVILION EXHIBITION AND FORUM — MINISTRIES OF LONELINESS

I would like to express my deepest gratitude to everyone who joined us for the Fifteenth Gwangju Biennale Italian Pavilion Exhibition, *Ministries of Loneliness*, held at the Bomun Welfare Foundation's Donggok Museum (formerly Dong-gok Museum of Art). I would also like to sincerely thank Curator Soik Jung and Artist Rebecca Moccia for their dedicated planning and research for the exhibition, as well as Director Michela Linda Magrì of the Italian Cultural Institute in Seoul, who played a major role in preparing an even more complete exhibition by hosting the Italian Pavilion in 2023 and 2024.

This exhibition, which commemorated the thirtieth anniversary of the establishment of the Gwangju Biennale and the 140th anniversary of diplomatic relations between Italy and the Republic of Korea, was particularly meaningful. As the second pavilion exhibition in collaboration between the Bomun Welfare Foundation and the Italian Cultural Institute in Seoul, it became an important opportunity to explore the emotion of loneliness that we are facing in contemporary society through art.

Artist Rebecca Moccia explored the ways in which loneliness is formed in the cultural characteristics and social structures of each country based on artistic research conducted in the United Kingdom, the United States, Japan, and Korea. The exhibition was the result of this research. It was composed of installations using video, photography, ceramics, and archival materials, allowing people to experience and reflect on loneliness in multiple dimensions. The exhibition *Ministries of Loneliness* was an opportunity to recognize once again that loneliness is not only a simple personal feeling, but also an important issue that modern

제15회 광주비엔날레 이탈리아 파빌리온
전시·포럼 《외로움의 지형학》 기념사

보문복지재단 동곡뮤지엄(구 동곡미술관·박물관)에서 개최한 제15회 광주비엔날레 이탈리아 파빌리온 전시《외로움의 지형학》에 함께해 주신 여러분께 깊은 감사의 인사를 전합니다. 또한, 전시를 위해 헌신적으로 기획과 연구를 진행해 주신 정소익 큐레이터와 레베카 모치아 작가, 그리고 2023년에 이어 2024년에도 이탈리아 파빌리온을 연속적으로 개최하며 더욱 완성도 높은 전시를 준비하는 데 큰 역할을 해 주신 미켈라 린다 마그리 주한이탈리아문화원장께도 깊은 감사를 드립니다.

광주비엔날레 창설 30주년과 한국-이탈리아 수교 140주년을 기념하며 열린 이번 전시는 더욱 특별한 의미가 있습니다. 보문복지재단과 주한이탈리아문화원이 협력하여 진행한 두 번째 파빌리온 전시로, 현대 사회에서 우리가 마주하는 '외로움'이라는 감정을 예술을 통해 탐구하는 중요한 기회가 되었습니다.

레베카 모치아 작가는 영국, 미국, 일본, 한국에서 진행한 현장 연구를 바탕으로, 각국의 문화 특성과 사회 구조 속에서 외로움이 형성되는 방식을 탐구하였습니다. 전시는 이러한 연구의 결실입니다. 영상, 사진, 도자기, 아카이브 자료 등을 활용한 설치 작품을 통해 외로움을 다층적으로 경험하고 성찰할 수 있도록 구성되었습니다. 전시《외로움의 지형학》은 단순한 개인의 감정을 넘어 현대 사회가 함께 해결해야 할 중요한 문제임을 다시금 인식하는 기회가 되었습니다. 현대인의 삶을 조명하면서, 서로의 이야기에 귀 기울이고 공감하며 연대와 소통을 확장하는 계기가 되었습니다.

전시와 연계하여 예술과 학문이 결합한 포럼을 개최한 것 또한 뜻깊게 생각합니다. 포럼을 통해 외로움이라는 주제를 다양한

society must solve together. Shedding light on the lives of contemporary people, it was also a trigger to listen to each other's stories, empathize, and further expand solidarity and communication.

I think it is meaningful that a forum combining art and academia was held in conjunction with the exhibition. Through the forum, we explored and empathized with the topic of loneliness from various perspectives. Also, we discussed in depth the impact of social isolation and emotional disconnection on individuals and communities, and provided a meaningful platform to shed light on and seek solutions for the problem of loneliness that is deepening within the process of urbanization in a competitive culture from various angles. I hope that these discussions will continue in the future to form social consensus and lead to real change.

Bomun Welfare Foundation seeks to realize a new form of cultural welfare that combines culture and welfare. Culture and art not only provide comfort and hope to individuals, but can also connect communities and become a driving force for moving toward a better society. We will continue to make efforts so that Donggok Museum is able to become a complex cultural space where local residents and artists can interact and think beyond a simple exhibition space.

I would like to once again express my gratitude to all those who worked hard as well as everyone who participated to make this exhibition and forum a success.

JUNG YOUNGHYUN,
President of Bomun Welfare Foundation

관점에서 탐구하고 공감하였습니다. 사회적 고립과 정서적 단절이 개인과 공동체에 미치는 영향을 깊이 논의하고, 도시화와 경쟁 중심 문화 속에서 심화하는 외로움의 문제를 여러모로 조명하며 해결 방안을 모색하는 뜻깊은 장이었습니다. 앞으로도 이러한 논의가 지속적으로 이어져 사회적 공감대를 형성하고 실질적인 변화로 이어지기를 기대합니다.

보문복지재단은 문화와 복지를 결합한 새로운 형태의 문화복지를 실현하고자 합니다. 문화예술은 개인에게 위안과 희망을 줄 뿐만 아니라, 공동체를 연결하고 더 나은 사회로 나아가는 원동력이 될 수 있습니다. 동곡뮤지엄이 단순한 전시 공간을 넘어, 지역민과 예술가가 교류하고 사유하는 복합문화공간으로 자리매김할 수 있도록 지속적인 노력을 기울이겠습니다.

이번 전시와 포럼이 성공적으로 개최될 수 있도록 힘써 주신 모든 관계자 여러분, 그리고 함께해 주신 모든 분께 다시 한번 깊은 감사를 전합니다.

보문복지재단 이사장 **정영헌**

THE SOCIAL ROLE OF THE ARTS: REFLECTIONS ON THE ROLE OF THE ITALIAN PAVILION AT THE GWANGJU BIENNALE

MICHELA LINDA MAGRÌ,
Director of the Italian Cultural Institute in Seoul
VALENTINA BUZZI,
Artistic Director of the first Italian Pavilion and Coordinator of the second edition

"In contemporary society, art performs a crucial epistemic function: it makes visible the invisible structures of feeling that bind us together even in our apparent isolation."
— Mario Perniola

The arts have long transcended their aesthetic function to become instruments for powerful social reflection and emotional connectivity. In today's contemporary society, where technological advancement often paradoxically leads to increased isolation and societal division, artistic expression becomes a crucial bridge between individual experience and collective understanding. This social dimension has defined the Italian Pavilion since its inception, where the exhibited artworks offer an occasion for wider reflection on our world and its challenges.

When the Italian Cultural Institute in Seoul was approached for the first time by the Gwangju Biennale committee in 2022, we immediately thought to set a new standard in which art could serve a wider purpose, beyond aesthetic value. This social dimension connects with the wider framework of biennales, where diplomacy meets curatorial discussions on current global affairs. We also wanted to establish a meaningful occasion for cultural exchange between our two respective countries, Italy and South Korea. While the first edition focused on the

예술의 사회적 역할:
광주비엔날레 이탈리아관 역할에 관한 성찰

> **미켈라 린다 마그리**(주한이탈리아문화원 원장)
> **발렌티나 부찌**(2023년도 이탈리아관 예술감독,
> 2024년도 이탈리아관 코디네이터)

"현대 사회에서 예술은 중요한 인식론적 기능을 수행한다. 예술은 우리를 고립된 상태에서도 하나로 묶어 주는 보이지 않는 느낌의 구조를 가시화한다."
— 마리오 페르니올라

예술은 오랫동안 미적 기능을 넘어 강력한 사회적 성찰과 정서적 연결을 위한 도구가 되어 왔다. 기술 발전이 역설적으로 고립과 사회적 분열을 심화하는 오늘날의 현대 사회에서 예술적 표현은 개인의 경험과 집단적 이해 사이의 중요한 가교가 된다. 이탈리아관은 그 시작부터 지금까지 이러한 사회적 차원을 근간에 두고 있으며, 예술 작품 전시를 통해 우리가 사는 세상과 그 도전에 대해 더 폭넓게 성찰할 기회를 제공해 왔다.

2022년 광주비엔날레가 주한이탈리아문화원에 처음 이탈리아관 전시를 제안했을 때, 우리는 예술이 미적 가치를 넘어 더 큰 목적에 이바지하게 되는 새로운 기준을 세우고자 했다. 이러한 방식으로 세계 현안에 관한 예술 기획의 논의와 외교가 동시에 이루어지는 비엔날레의 역할과 잘 연결될 수 있다고 생각했다. 또, 이탈리아와 한국 두 나라 간 문화 교류를 위한 의미 있는 자리를 마련하고자 했다. 2023년 이탈리아관 첫 전시가 인간과 자연의 상호 관계에 초점을 맞춰 공존의 미래 생태계에 관해 이야기했고, 이어서 2024년도의 두 번째 이탈리아관 전시는 인간이 공유하는 복잡한 감정의 사회문화적 차원을 다루었다. 둘 다 국경과 문화를 불문하고 중요한 주제였다.

interrelationships of humanity and nature, nudging on future ecosystems of coexistence, the second edition tapped into the socio-cultural dimension of shared, complex human feelings, both themes being relevant across borders and cultures.

For us, art has always had, and increasingly continues to have, a role in illuminating social conditions that might otherwise remain invisible or misunderstood. As sociologist Zygmunt Bauman (2011) observed, in our contemporary fluid society, artistic expression represents one of the limited remaining domains where meaningful human relationships can be investigated and strengthened. This observation is particularly relevant when considering how artistic practice can address psychological phenomena and social conditions that have reached epidemic proportions in our hyperconnected yet emotionally distant world. In the context of the second edition of the Italian Pavilion at the Gwangju Biennale, loneliness—in its social, cultural, and political dimensions—became the protagonist of this discourse, with the exhibition *Ministries of Loneliness* by artist Rebecca Moccia, curated by Dr. Soik Jung.

One might wonder why this topic would need investigation from an artistic standpoint, and what purpose it would serve to build and produce an exhibition around loneliness. Looking at the data, we discover that research by the World Health Organization indicates that depression affects more than 264 million people globally, making it one of the leading causes of disability worldwide. Similarly, loneliness has been recognized as a public health concern in many countries, leading the United Kingdom and Japan to appoint a Minister for Loneliness in recent years—a development that directly inspired Moccia's work. When tackling complex yet impactful social conditions such as loneliness through an exhibition, the arts not only provide a space for representation but also create occasions for

예술은 보이지 않거나 잘못 이해될 수 있는 사회적 상황을
조명하는 역할을 항상 해 왔고, 앞으로도 계속 그럴 것이다.
사회학자 지그문트 바우만(2011)은 유동적인 현대 사회에서
예술적 표현은 의미 있는 인간관계를 탐구하고 강화할
수 있는 제한된 남은 영역 중 하나라고 말했다. 이 관점은
초연결적이면서도 정서적으로 멀어진 세상에서 전염병처럼
퍼진 심리적 현상과 사회적 조건을 예술적 실천이 어떻게 다룰
수 있는지 고민할 때 특히 유효하다. 예술감독 정소익이 기획한
광주비엔날레 이탈리아관의 두 번째 전시《외로움의 지형학》
에서 '외로움'은 레베카 모치아의 작품을 통해 이러한 사회적,
문화적, 정치적 차원의 주인공이 되었다.

외로움이라는 주제를 왜 예술적 관점에서 연구해야 하는지,
외로움에 관한 전시를 기획하고 제작하는 것이 어떤 목적에
부합하는지 의문일 수 있다. 우리는 세계보건기구의 연구를
통해 우울증이 전 세계적으로 2억6400만 명 이상의 사람들에게
영향을 미치며, 전 세계에서 장애의 주요 원인 중 하나임을
알게 되었다. 또, 많은 국가에서 외로움이 공중 보건 문제로
인식되고 있어서, 영국과 일본에서 최근에 '외로움 담당 장관'
을 임명했음을 발견했다. 레베카 모치아는 이러한 변화로부터
직접적인 영감을 받았다. 그리고 이에 관한 예술 작업을
진행했다. 전시를 통해 외로움과 같은 복잡하고 중요한 사회
현안을 다룰 때, 예술은 이를 표현하는 공간을 제공할 뿐 아니라
공감적 이해와 집단적 치유의 기회를 만들어 낸다.

현대의 예술가들은 점점 더 인류학 연구자 임무를 수행하며
예술적 실천과 사회 조사를 연결하는 방법론을 사용하고 있다.
미술 비평가이자 이론가인 핼 포스터(1995)가 강조했듯이,
예술가들은 종종 문화인류학자의 모습으로 특정 커뮤니티에
몰입하여 그들의 관행을 이해하고, 이후 그 결과를 기존
예술 제도 안에서 선보인다. 이러한 예술가의 접근 방식은

empathetic understanding and collective healing.

In our vision, contemporary artists increasingly function as anthropological researchers, employing methodologies that bridge artistic practice with social investigation. As art critic and theorist Hal Foster (1995) highlighted in his work, artists frequently adopt the role of cultural anthropologists, immersing themselves in specific communities to understand their practices and subsequently presenting these findings within established art institutions. This approach has become a leitmotiv for the Italian Pavilion, which since its first edition has facilitated research through a residency program established by the Italian Cultural Institute in collaboration with the Seoul Institute of the Arts. Such a program has allowed the artists to immerse themselves in their field of research, guided and supported by the curators and experts in the field. This institutional collaboration has also fostered an occasion for cultural exchange, nurturing educational possibilities with both experts and students, enabling occasions of collective inquiry. This is a direction that we believe to be paramount, and that will continue to be the guideline of future editions.

In the case of the second edition of the Pavilion, the 'artist-as-anthropologist' approach has been embraced by Rebecca Moccia through the residency program, where her artistic research became a means of documenting and interpreting the social phenomenon of loneliness in the Korean context. The material produced was then transformed into a pivotal part of the exhibition at the Gwangju Biennale. We believe that the role of the artist positioned as a researcher allows for unique insights that might escape the traditional social sciences. In the view of art historian Grant Kester (2011), this approach generates an interactive environment where emotional authenticity can exist alongside objective observation. This methodology favors a form of knowledge that is simultaneously subjective and universal, personal

이탈리아관의 원동력이 되었으며, 주한이탈리아문화원이
서울예술대학교와 협력하여 진행한 레지던시 프로그램의
방법론으로서 첫 번째 전시부터 연구를 촉진해 왔다. 레지던시는
작가들이 큐레이터와 한국의 해당 분야 전문가들의 지도와
지원을 받으며 자신의 연구 분야에 몰입할 수 있도록 했다.
주한이탈리아문화원과 서울예술대학교 간 기관 협력은 전문가와
학생 모두의 교육적 가능성을 키우는 문화 교류의 장을 마련하여
공동으로 탐구하는 기회를 제공했다. 우리는 이러한 방향성이
가장 중요하다고 믿는다. 앞으로의 전시를 위한 지침이기도 하다.

전시 《외로움의 지형학》에서 레베카 모치아는 이와 같은
인류학적 접근 방식을 적용한 일련의 레지던시를 통해
한국적 맥락에서 외로움이라는 사회적 현상을 기록하고
해석하는 수단으로 예술 연구를 수행했고, 연구 중 제작한
자료를 광주비엔날레 전시의 핵심 부분으로 사용했다. 우리는
연구자로서 예술가의 역할이 전통적인 사회과학에서 벗어날
수 있는 독특한 통찰을 가능하게 해 준다고 믿는다. 미술사학자
그랜트 케스터(2011)에 따르면, 예술가가 연구자 역할을 맡으면
객관적인 관찰과 감정적 진정성이 함께 존재하고 상호작용을
하는 환경을 조성할 수 있다. 예술 연구는 주관적이면서도
보편적이고, 개인적이면서도 정치적인 지식의 형태를 생성하며,
복잡한 글로벌 과제를 탐구하는 데 특히 적합하다. 이러한 틀
안에서 《외로움의 지형학》은 관람객과 공감하는 현대 미술이
어떻게 사회 비평과 정서적 촉매제로 기능할 수 있는지를 보여
준다. 전시라는 형식은 원인과 결과가 간과되거나 무시될 수
있는 일상생활 속 주제가 더 폭넓게 고민되고 공감되고 이해될
수 있다. 철학자 자크 랑시에르(세이어스, 2019 재인용)는
사회생활에서 보이지 않는 것을 가시화하는 예술의 능력을
'감각적인 것의 분배'라고 불렀다. 이탈리아관이 관객들이 전시
벽 너머에 제시된 주제에 관한 대화를 이어 가고, 더 많은 질문을
품게 하는 기회가 되길 기대한다. 무심히 지나쳤던 것들이 오히려

and political—a quality particularly suited to exploring complex global challenges. Within this framework, *Ministries of Loneliness* exemplifies how contemporary art can function as both social commentary and emotional catalyst when shared with an audience. The form of an exhibition opens the possibility for wider reflection and empathetic understanding of topics whose causes and effects might be overlooked or dismissed in the context of daily life. Philosopher Jacques Rancière (2004, in Sayers, 2019) calls "the distribution of the sensible" art's capacity to make visible what might otherwise remain unseen in social life. We hope that the Italian Pavilion can be an occasion for the audience to continue the conversation on the themes presented beyond the exhibition walls, sparking more questions, and fostering doubt that perhaps things that are often ignored are rather paramount to reflect upon.

Since its birth, the Italian Pavilion at the Gwangju Biennale has represented more than just a showcase for Italian art; it embodies cultural diplomacy through artistic exchange, intending to promote the role of the artist as an active investigator of our world and its intricacies. Art curator Okwui Enwezor observed that international art exhibitions like biennials serve as venues where global issues can be collectively examined through artistic work (2003). The Italian Pavilion embraces this function through presentations that speak to universal human experiences while acknowledging the specific historical and cultural contexts of both Italy and Korea. Perhaps, and most importantly, this second edition demonstrated art's capacity to cultivate our "narrative imagination," enabling us to recognize others as full human beings with their own experiences and needs (Nussbaum, 2022). This empathetic function is particularly vital when addressing themes that are simultaneously deeply personal and widely shared. As we reflect on the significance of Rebecca Moccia's work within the Italian Pavilion at the 15th Gwangju Biennale, we

가장 중요한 성찰의 대상이 될 수 있다는 의심을 키우는 계기가 되기를 바란다.

광주비엔날레의 이탈리아관은 설립 초기부터 이탈리아 미술의 전시를 넘어 예술 교류를 통한 문화 외교를 구현하고, 세계와 그 복잡성에 관한 적극적인 탐구자로서 예술가의 역할을 장려하고자 했다. 미술 큐레이터인 오쿠이 엔위저는 비엔날레와 같은 국제 미술 전시회가 예술 작품을 통해 세계적인 이슈를 종합적으로 살펴보는 장이 된다고 말했다(엔위저, 2003). 이탈리아관은 이탈리아와 한국의 특수한 역사적, 문화적 맥락을 인정하면서 보편적인 인류의 경험을 이야기하는 작품을 선보임으로써 이러한 기능을 수용한다. 아마 가장 중요한 것은 전시 《외로움의 지형학》을 통해 우리가 타인을 각자의 경험과 욕구를 가진 완전한 인간으로 인식하게 되었고, 예술이 우리의 '서사적 상상력'을 키우는 능력을 보여 주었다는 것이다(누스바움, 1997). 이러한 공감 기능은 지극히 개인적이면서 동시에 널리 공유되는 주제를 다룰 때 특히 중요하다. 제15회 광주비엔날레 이탈리아관에서 레베카 모치아 작품의 의미를 되새기며 예술의 가장 큰 기능은 사회적 기능일 수 있다는 사실을 떠올리게 된다.

불안과 고립이 심화하는 파편화된 세상에서 예술적 실천은 연결, 이해, 집단적 추론을 위한 독특한 가능성을 제공한다. 이탈리아관은 예술을 통한 문화 교류가 현대의 난제를 해결하는 데 의미 있는 이바지를 할 수 있다는 믿음을 보여 주는 증거이다. 연구자, 증인, 촉매제 역할을 하는 예술가들을 지원함으로써 우리는 사회 복지와 정서적 회복력을 키우는 예술적 실천의 필수적인 역할을 확인한다. 주한이탈리아문화원은 광주비엔날레 이탈리아관 프로젝트를 지속적으로 발전시키면서 사회적 상황을 반영할 뿐만 아니라 이를 적극적으로 변화시키는 예술, 그리고 개인의 경험이 집단적 이해의 토대가 되고 고립이 연결로 이어지는 공간을 창조하는 예술을 육성하는 데 전념할 것이다.

are reminded that, perhaps, art's highest purpose may be its social one.

In a fragmented world marked by increasing insecurity and isolation, artistic practice offers unique possibilities for connection, understanding, and collective reasoning. The Italian Pavilion stands as a testimony to our belief that cultural exchange through art can contribute meaningfully to addressing contemporary challenges. By supporting artists who function as researchers, witnesses, and catalysts, we affirm the essential role of artistic practice in nurturing social welfare and emotional resilience. As the Italian Cultural Institute continues to develop the Italian Pavilion project at the Gwangju Biennale, it remains committed to fostering art that not only reflects our social condition but actively works to transform it—creating spaces where individual experience becomes the foundation for collective understanding and where isolation gives way to connection.

REFERENCES   참고문헌

Bauman, Z. (2011). *Culture in a liquid modern world*. In L. Bauman (Trans.), Wiley.com. Polity.

Enwezor, O. (2008). Mega-exhibitions. In A. Huyssen (Ed.), *Other cities, other worlds* (pp. 147-178). Duke University Press eBooks. https://doi.org/10.1215/9780822389361-007

Foster, H. (1996). The Artist as Ethnographer? In G. E. Marcus & F. R. Myers (Eds.), *The Traffic in Culture: Refiguring Art and Anthropology* (pp. 302-309). University of California Press. https://monoskop.org/images/8/87/Foster_Hal_1995_The_Artist_as_Ethnographer.pdf

Kester, G. H. (2011). *The One and the Many: Contemporary Collaborative Art in a Global Context*. Duke University Press. https://doi.org/10.2307/j.ctv11smfch

Nussbaum, M. C. (2022). Democratic Citizenship and the Narrative Imagination. *Teachers College Record*, 110(13), 143-157. https://doi.org/10.1177/016146810811001312 (Original work published 2008)

Sayers, S. (2019, May 26). Jacques Rancière (2004) *The Politics of Aesthetics: The Distribution of the Sensible*. Culture Machine. Retrieved March 18, 2025, from https://culturemachine.net/reviews/ranciere-the-politics-of-aesthetics-sayers/

TABLE OF CONTENTS

22. KOREAN CULTURE-SPECIFIC LONELINESS
SOIK JUNG

EXHIBITION: REBECCA MOCCIA

    46. INTRODUCTION

    62. WORKSHOP

    94. THE 15TH GWANGJU BIENNALE ITALIAN PAVILION

FORUM: SOIK JUNG

    144. INTRODUCTION

    156. THE STORY OF A YOUNG RECLUSE

    178. FIRST DISCUSSION: WHAT DOES LONELINESS LOOK LIKE AMONG KOREAN YOUTH?

    222. SECOND DISCUSSION: HOW TO DEAL WITH THE LONELINESS OF KOREAN YOUTH?

284. BIO

296. CREDIT

목차

23. **한국의 문화특수적 외로움** 정소익

전시: 레베카 모치아

  47. **MINISTRY OF LONELINESS 프로젝트**

  63. 워크숍

  95. 제15회 광주비엔날레 이탈리아관

포럼: 정소익

  143. 서문

  155. 청년 당사자 이야기

  177. 첫 번째 논의:
       한국 청년의 외로움은 어떠한 모습인가

  221. 두 번째 논의:
       한국 청년의 외로움에 어떻게 대처할 것인가

285. 약력

297. 크레디트

KOREAN CULTURE-SPECIFIC LONELINESS

SOIK JUNG

**CURATOR OF MINISTRIES OF LONELINESS,
15TH GWANGJU BIENNALE
ITALIAN PAVILION EXHIBITION & FORUM**

한국의 문화특수적 외로움

정소익

제15회 광주비엔날레
이탈리아관 전시 및 포럼
《외로움의 지형학》큐레이터

> You just speak your mind
> I only just speak mine
>
> When I feel a barrier to communication
> Even when we start a conversation
> In the same place
> At the same time
>
> When I really want to share
> Some touching story
> To the person next to me
> But there is no response
>
> I'm in pain and I can't stand it
> But when the people closest to me
> With reproachful eyes
> Look at me indifferently
>
> When I ask for forgiveness from the bottom of my heart
> And ask for a handshake of reconciliation
> And they say not now
> Refusing to shake my hand
>
> When someone's mean words about me
> twists and turns
> until it reaches me
>
> I feel
> Inescapably lonely
> So alone and lonely
> I just look up at the sky
> — Claudia Lee Haein, "When I am lonely"

People are talking about loneliness. More and more people are lonely. YouTube is full of content from sociologists, psychologists, neuroscientists, and psychiatrists describing and analyzing loneliness, depression, isolation, and

너는 네 말만 하고
나는 내 말만 하고

같은 장소
같은 시간에
대화를 시작해도
소통이 안 되는 벽을 느낄 때

꼭 나누고 싶어서
어떤 감동적인 이야길
옆 사람에게 전해도
아무런 반응이 없을 때

나는 아파서 견딜 수가 없는데
가장 가까운 이들이
그것도 못 참느냐는 눈길로
나를 무심히 바라볼 때

내가 진심으로 용서를 청하며
화해의 악수를 청해도
지금은 아니라면서
악수를 거절할 때

누군가 나를 험담한 말이
돌고 돌아서
나에게 도착했을 때

나는
어쩔 수 없이 외롭다
쓸쓸하고 쓸쓸해서
하늘만 본다 — 이해인, "내가 외로울 땐"

lethargy. There are more studies and research on loneliness, and government ministries are being established around the world to address loneliness. Policies and social services are proliferating. The COVID-19 pandemic has brought loneliness to the forefront as a hot topic in contemporary society. Why is this so? Loneliness is one of the basic human emotions, so why is it now at the center of the discussion? Why are we paying attention to loneliness now? Does contemporary capitalist, neoliberal society foster loneliness? If so, can we reduce loneliness by transforming contemporary society? How can we transform contemporary society?

In Korean, the word "외로움 [oeroum, loneliness]" is a pure Korean word, written in Chinese characters as "고독 [godok, 孤獨, solitude]." However, today, oeroum and godok have different meanings. As researchers Jang and Kim (2024) highlight, both solitude and loneliness share a common trait: the feeling of loneliness and emptiness that comes from being alone. However, the amount of social contact doesn't necessarily explain the quality of life, so the distinction between the two emotions is often based on whether or not the individual chooses to be in the situation and how they come to terms with it. Solitude tends to be a self-selected state of being, so people tend to be content with it. The key factor in loneliness, on the other hand, is a sense of inadequacy, a kind of alienation where you feel unfulfilled or distant despite wanting to connect with others. It is unintended, and thus a sad and distressing experience, and one of the main causes of stress (p. 112).

In Western, English-speaking cultures, loneliness and solitude are distinguished in the same way as in Korean. However, loneliness is a relatively modern phenomenon, with the word "loneliness" rarely appearing in English publications before the end of the 18th century. It wasn't until the 16th century that the word "lonely" appeared in

한국의 문화특수적 외로움

사람들이 외로움을 이야기한다. 점점 더 많은 이들이 외롭다고 한다. 유튜브에는 사회학자, 심리학자, 뇌과학자, 정신과 의사들이 외로움, 우울, 고립, 무기력을 설명하고 분석하는 콘텐츠가 넘쳐 난다. 외로움에 관한 연구와 조사가 많아지고, 외로움에 대처하려는 정부 부처가 세계 곳곳에 설립되고 있다. 정책과 사회서비스가 급증하고 있다. 코로나19 팬데믹을 지나면서 더 그렇다. 그야말로 외로움이 현대 사회의 뜨거운 화두로 전면에 등장했다. 왜 그럴까? 외로움은 인간이 느끼는 기본적인 감정 중의 하나인데, 왜 지금 외로움이 논의의 중심이 되었는가? 왜 우리는 지금 외로움에 주목하고 있는가? 자본주의, 신자유주의의 현대 사회가 외로움을 조장하는 것인가? 그렇다면, 현대 사회를 변혁함으로써 외로움을 줄일 수 있는가? 어떻게 현대 사회를 변혁할 수 있는가?

'외로움'은 순우리말로, 한자로 쓰면 '고독 孤獨'이다. 그러나 오늘날의 외로움과 고독은 다른 의미로 쓰인다. 고독과 외로움은 모두 혼자 있을 때 느끼는 외로움과 공허함이라는 공통된 특성을 가지지만 사회적 접촉의 양이 반드시 삶의 질을 설명하는 것은 아니기 때문에 두 감정의 구분은 종종 개인이 그 상황을 선택했는지 여부와 어떻게 받아들이는지에 따라 달라진다. 고독은 스스로 선택한 상태이므로 사람들은 고독에 만족하는 경향이 있는 반면, 외로움의 핵심 요소는 다른 사람들과 관계를 맺고 싶지만 충족되지 않거나 멀리 떨어져 있다고 느끼는 일종의 소외감, 부정적인 정서이다. 의도하지 않아 슬프고 괴로운 경험이며 스트레스의 주요 원인이다(장혜진, 김영근, 2024, p. 112).

서구의 영어 문화권에서도 외로움 loneliness와 고독 solitude는 한국어와 같은 맥락으로 구분된다. 다만 외로움은 비교적 현대적인 현상으로서, 18세기 말 전 영어 출판물에는 외로움이라는 말이 거의 쓰이지 않았다. 옥스퍼드 영어 사전에 '외로움 lonely'라는 단어가 등장한 것도 16세기에 가서였는데,

the Oxford English Dictionary, and it didn't carry a negative connotation. It became increasingly common around 1800, reaching peak usage in the late 20th century, when it came to describe a negative emotional state—whereas "solitude" became less common in literature from the mid-19th century.

According to Alberti (2022), loneliness is a direct and inevitable consequence of a highly developed, globalized, and secular late-modern society (p. 58). It has come to be accepted as an emotion felt by all, because it has been accompanied by demographic changes and urbanization, which have led to an increasingly individualistic, secular, and alienating society, along with a number of other important factors (p. 59). Such factors include philosophies about the individual having become dominant, with the individual having become more important than society and set in opposition to society (p. 60). In the early twenty-first century, the study of social isolation focused on the decline of public values and severe isolation, and emphasized loneliness as a dysfunctional and negative aspect of the human psyche, created by the onset of modernization and the severe disconnection of individuals from others (p. 64).

Following from these considerations, I prepared the exhibition and forum *Ministries of Loneliness* for the Italian Pavilion at the 15th Gwangju Biennale. The artist Rebecca Moccia explored the social and structural context in which loneliness manifests itself in contemporary society through the eyes of an artist and created the exhibition with me, while the forum deepened the social science discussion on the sources and forms of loneliness felt by Koreans.

The exhibition *Ministries of Loneliness* was an extension of the artist's site-specific and culture-specific project *Ministry of Loneliness*, which she has been working on since 2021. Founded in the United Kingdom as a governmental

부정적인 감정을 담고 있지 않았다. 그러다 19세기에 들어서 점차 자주 사용되더니 20세기 말에는 그 사용이 절정에 이르렀고, 부정적인 감정 상태를 주로 표현하게 되었다. 이에 반해 '고독 solitude'는 19세기 중반부터 문헌에 덜 사용된다.

'외로움'의 역사를 연구한 알베르티(2022)는, 외로움이 고도로 발달하고 세계화된 세속적인 후기 근대 사회의 직접적이고 필연적인 결과임을 지적한다(p. 58). 외로움이 모두가 느끼는 감정으로 받아들여지게 된 것은, 인구통계학적 변화와 도시화가 이루어지면서 점점 더 개인주의적이고 세속적으로 되고 소외감을 느낄 만한 여러 가지 또 다른 중요한 요인들이 수반되었기 때문이다(p. 59). 이러한 요인에는 개인이 사회보다 더 중요해지고 사회와 대척점에 서게 된 개인에 대한 철학이 지배적으로 된 것이 포함된다(p. 60). 21세기 초에 들어서 사회적 고립에 관한 연구는 공적 가치의 쇠퇴와 심각한 고립에 초점을 맞추었으며, 외로움이 근대화의 시작과 개인과 타인의 심각한 단절이 만들어 낸 인간 정신의 역기능적이고 부정적인 측면임을 강조하게 된다(p. 64).

나는 이러한 생각의 흐름을 따라가며 제15회 광주비엔날레 이탈리아관 전시와 포럼 《외로움의 지형학》을 준비하였다. 작가 레베카 모치아가 현대 사회에서 외로움이 나타나는 사회 구조적인 맥락을 예술가의 눈으로 탐색하고 함께 전시를 만들었고, 이어서 포럼에서 한국인이 느끼는 외로움의 근원과 양상을 사회과학적인 논의로 심화하였다.

전시 《외로움의 지형학》은 작가가 2021년부터 계속하고 있는 장소 특정적, 문화 특정적 프로젝트 《Ministry of Loneliness》의 연장선에 있었다. 2018년 영국에서 설립된 외로움부(部) — Ministry of Loneliness는 외로움이 단순히 개인의 어두운 감정이 아니라 사회적 원인에서 발생한다는 현대 사회의 이해를 보여 준다. 작가는 이 지점을 포착하여 이탈리아, 영국, 미국,

office in 2018, the Ministry of Loneliness represents the contemporary understanding that loneliness is not just some dark emotion of the individual, but arises from social causes. The artist has seized on this point and has been conducting research in Italy, the United Kingdom, the United States, and Japan to explore the socio-structural, political, and emotional aspects of loneliness. The exhibition in the Italian Pavilion at the 15th Gwangju Biennale adds to this field research of loneliness in Korea. In particular, workshops and data collection with artists and students in collaboration with the Seoul Institute of the Arts formed the backbone of the participatory field research. The students were not only observers of what loneliness looks like in Korea, but also co-facilitators of the fieldwork, finding and documenting the places, stories, situations, and media that reveal Korean loneliness.

The subsequent forum began with two questions: what is the loneliness of Koreans and Korean youth, and where does it come from? The answers I obtained from talking with academics and field experts and discussing them in the forum were: "loneliness in relationships," "loneliness is not contagious," "protection," and "rigid Korean society." These are not unique to Koreans, but as corresponding forms of "Korean culture-specific loneliness" (Seo et al., 2020) they are definitely more intense in Korea.

Loneliness in relationships. Koreans feel lonely without relationships, but they also feel lonely within relationships. They are lonely even when they are together, and lonely because they are together. "We-ness," collectivism, comparison, and a rigid culture work intertwined. Koreans define themselves through their relationships with others within a relational collectivist ethos. It's not easy to be true to their own ideas. They try not to be different, but to be in the middle. To do this, they constantly observe others and compare themselves to them. They want to be seen at a

일본에서 예술 연구를 진행하면서 외로움의 사회 구조적, 정치적, 감정적 양상을 작품으로 만들어 왔다. 제15회 광주비엔날레 이탈리아관 전시는 여기에 한국인의 외로움에 관한 현장 연구를 더하여 보여 주었다. 특히 서울예술대학교의 협업으로 작가, 학생들과 진행한 워크숍과 자료 채집은 참여형 현장 연구의 중추로서 작동했다. 학생들은 한국인의 외로움이 어떠한 모습인지 보여 주는 관찰 대상인 동시에 한국인의 외로움을 드러내는 장소, 이야기, 상황, 매체 등을 함께 찾아 기록하는 현장 연구의 공동 진행자였다.

뒤이은 포럼은 두 개의 질문을 던지면서 시작하였다. 한국인의 외로움, 한국 청년의 외로움은 무엇인가? 그리고, 어디에서 오는가? 이에 대해 학계 및 현장 전문가들과 이야기 나누고 포럼에서 논의하면서 내가 얻은 답은 관계에서의 외로움, 감염되지 않는 외로움, 보호, 경직된 한국 사회였다. 한국인에게서만 나타나는 양상은 아니지만, 분명 한국에서 더 강하게 느껴지는 외로움의 모습들, 한국의 문화특수적 외로움(서영석 외, 2020)이었다.

관계에서의 외로움. 한국인은 관계가 없어서 외로움을 느끼기도 하지만 관계 안에서도 외로움을 느낀다. 함께 있어도 외롭고, 함께 있어서 외롭다. 우리성(우리性, We-ness), 집단주의, 비교, 경직된 문화가 서로 얽혀 작동하기 때문이다. 한국인은 관계적 집단주의 정서 안에서 다른 사람과의 관계를 통해 자신을 정의한다. 자기 생각에 충실하게 움직이기 쉽지 않다. 모나지 않으려고 신경 쓰고, 중간은 가려고 애쓴다. 그러기 위해 다른 사람들을 끊임없이 관찰하고 나와 비교한다. 내가 어느 정도 수준으로 남에게 비치길 바라고, 내가 그 수준에 못 미친다고 느끼면, 격차를 느끼면 힘들고 움츠러들고 외로워진다. 소비와 SNS는 비교 우위를 판단하는 편리한 수단이다. 직업과 집, 학력 등도 마찬가지이다. 비교하고, 줄을 세운다. 모두가 중간은 해야

certain level, and if they feel they don't measure up, they feel the gap, and they become exhausted, withdrawn, and lonely. Consumption and SNS are convenient ways to determine comparative advantage. So are jobs, houses, and educational backgrounds. They compare, they line up. Everyone thinks they should be in the middle. There is an answer to what they think is the middle. Just one answer. And rigid norms. If they do not reach the middle, they are considered a loser. But it is easy to ignore the fact that the middle everyone thinks is the middle is actually a highly standardized ideal. In the end, most of them end up as losers, isolating themselves and feeling lonely because they do not know how to resist the flow.

> The intense competition turned all but a few winners into losers, and the logic and discipline of winner-take-all relegated them to the periphery of society... The losers of the competition were technically victims of the system and should have protested and resisted it. However, the logic of competition, which became the social norm, was internalized by each member of society and blocked the possibility of resistance. As Koreans went through the process of modernization and industrialization, they were accustomed to the militant slogans of the military regime, such as "do it" and "if it can't be done, make it possible," which made it easier for them to accept neoliberal competition logic and ideology... The only thing that individuals who are frightened by the exclusion around them can do in this situation is self-improvement and healing, and since then, cultural contents in Korean society have played a role in remobilizing individuals to labor and the system, as self-improvement, therapies, and healing have become fashionable. (Kwon, 2023, pp. 18-19)

한다고 생각한다. 중간이라고 생각하는 답은 정해져 있다. 하나의 답. 경직된 규범. 중간에 도달하지 못하면 패배자로 취급되기 일쑤이다. 그런데 모두가 생각하는 그 중간이 사실 지극히 상향 표준화된 이상형이라는 사실은 쉽게 무시된다. 결국, 대부분이 패배자가 되어 버린다. 그리고, 이 흐름에 저항할 생각을 하지 못한 채 스스로 고립시키고 외로움에 빠진다.

> 극심한 경쟁은 소수의 승리자를 제외한 대다수를 패배자로 만들었고, 승자독식의 논리와 규율에 따라 이들은 사회의 주변부로 밀려났다... 경쟁의 패배자들은 따지면 체제의 희생자이고 따라서 체제에 항의하고 저항해야 마땅했다. 그러나 사회 규범이 되다시피 한 경쟁 논리는 어느덧 사회 구성원 각자에게 내면화되어 저항의 가능성마저 차단했다. 한국인은 근대화와 산업화 과정을 거치면서 군사정권이 동원을 위해 내세운 하면 된다나 안 되면 되게 하라와 같은 전투적 구호에 익숙해져 있었고, 이는 신자유주의 경쟁 논리와 이데올로기를 쉽사리 받아들이도록 만드는 데 일조했다... 주변의 배제된 자들을 보면서 겁에 질린 개인이 이 상황에서 할 수 있는 유일한 길은 자기 계발과 치유뿐이어서 이때 이후 한국 사회의 문화콘텐츠는 자기 계발과 치료 요법, 힐링 등이 유행의 대세로 자리 잡으면서 개인을 노동과 체제에 재동원하는 역할을 수행하고 있다.(권오헌, 2023, p. 18-19)

자유감의 부족과 과도한 물질주의 등으로 나타나는 증상들의 공통 원인은 너무 예민한 타인 의식이라고 생각한다. 그렇다고 세상과 담을 쌓고 유아독존의 삶을 살자는 말이 아니다. 균형이 필요하다. 나는 누구를 위해 사는가? 우리의 무게추는 남들 쪽으로 심하게 기울어져 있을 때가 많고, 이 경우 장기적으로 자신뿐 아니라

> I believe that a common cause of symptoms such as lack of freedom and excessive materialism is an overly sensitive sense of otherness. This is not to say that we should close ourselves off from the world and live a life of infantile solitude. We need balance. Our scales are often tilted heavily in favor of others, which can have long-term consequences for our own happiness and the happiness of others. (Suh, 2024, p. 183)

> Loneliness provokes an unbearable fear, especially for young people, who often give up their own judgment and identity in order to desperately fit in with their peer group. Whether young or old, the fear of being ostracized can lead to self-destructive and foolish behavior. (Cacioppo & Patrick, 2013, p. 238)

Loneliness that is not contagious. Koreans, Korean youth, feel this loneliness very desperately, alone. No one knows their loneliness, and they don't know others' loneliness. Because they don't talk to each other, they don't accept each other as they are. They are afraid that they will not be accepted as they are and that their loneliness will become their weakness. They don't want to be seen as a loser by others. Together, but alone. It's not easy to be themselves in a society with only one answer, rigid norms, and a rigid culture.

> Let's eat or let's have a drink
> I don't know when I'll see you again, but let's eat or have a drink
> You know it but pretend like you don't
> I keep making promises I can't keep, but I don't really mean it, but once I see you
> I build up a lot of unnecessary respect, I try to show off a little bravado, my wallet is full of receipts, and the next day I regret it.
> — Song by Mu-han-li-pil (무한리필, Unlimited refill), "Let's eat together once"

> 타인의 행복감에도 좋지 않은 결과가 올 수 있다.(서은국, 2024, p. 183)
>
> 외로움은 견디기 힘든 두려움을 유발한다. 특히 청소년은 또래 집단과 필사적으로 어울리기 위해 자신의 판단력과 정체성을 포기하는 경우가 많다. 나이가 적든 많든 배척당할지 모른다는 두려움은 자멸적인 어리석은 행동을 유발할 수 있다.(카치오포 & 패트릭, 2013, p. 238)

감염되지 않는 외로움. 한국인은, 한국 청년은 이런 외로움을 아주 절절하게, 혼자 느낀다. 나의 외로움을 남이 모르고, 남의 외로움을 내가 모른다. 서로 이야기하지 않고, 서로를 있는 그대로 받아들이지 않기 때문이다. 내가 있는 그대로 받아들여지지 않을 것이라는, 또 나의 외로움이 내 약점이 될 것이라는 두려움이 있기 때문이다. 남들에게 패배자로 보이기 싫기 때문이다. 함께 있어도 혼자이다. 하나의 답, 경직된 규범, 경직된 한국 사회 안에서 나를 고스란히 드러내기 쉽지 않다.

> 밥이나 한번 먹자 아님 술이나 한잔 하자
> 언제 다시 볼진 몰라도
> 밥이나 한번 먹자 아님 술이나 한잔 하자
> 알면서도 모르는 척해
> 기약 없는 약속들을 자꾸 정해 보지만 사실 내 마음은 안 그랬는데 한번쯤 보게 되면
> 쓸데없는 존심도 세우고 가벼운 허세도 부려 보고 지갑 가득히 찬 영수증들 또 다음날 후회하고
> — 무한리필의 노래 〈밥이나 한번 먹자〉

> 내가 택한 삶과 그 안의 크고 작은 생활방식에 관하여
> 왜, 어떻게로 시작하는 질문들이 두려웠던 이유는
> 혹시 상대방이 나를 이해하지 못하지 않을까 하는

> I was afraid to ask questions that started with "why" and "how" about the life I chose and the lifestyle choices I made, big and small, because I thought the other person wouldn't understand me. Fear of living a life that others don't understand. At the root of my need to be accepted and understood by others was a desire to be part of the mainstream, not to be alone, not to be an outlier. A vague fear that all my choices would not converge into a social group. The unconscious fear of moving away from the social mainstream was the essence of the problem, and loneliness was just a symptom. (Uhm, 2023, p. 34)

Protection. To combat loneliness, Koreans and Korean youth who feel desperately lonely want protected relationships, protected spaces, authentic relationships, solidarity with others, and people who aren't scary. They want a relationship where they are accepted for who they are, a space where they can be themselves, and people who accept them for who they are. They want to breathe, they want to go to places that give them breathing room, they crave older sisters and older brothers who show them their vulnerability. They want a society that is not too uptight, a society that does not demand too much, a society that accepts them. Again, the rigid Korean society is a stumbling block.

> As a father, I ask: "Why can't we just tell our children to think of others first?" The reason is that, as we all know, the world demands "every man for himself." The majority of people have meekly accepted the contradiction of living in a time of abundance and yet having to worry about their own survival. (Kim, 2023, p. 343)

> As a child I was lonely, and I still am, because I know something, and I have to tell others about it,

생각 때문이었다. 남이 이해하지 못하는 삶을 살까 봐
두려워하는 마음. 다른 사람의 인정과 공감을 받고 싶어
하는 마음의 뿌리에는 주류에 속하지 못하고 혼자 외로이
겉도는 존재가 되기 싫은 마음이 있었다. 나의 모든
선택이 하나의 사회적 집단으로 수렴되지 못할 것이라는
막연한 두려움이었다.
사회적 주류로부터 멀어지는 것을 경계하는 무의식이
문제의 본질이었고, 외로움은 그저 현상이었다.(엄예은,
2023, p. 34)

보호. 절절하고 외로운 외로움을 느끼는 한국인, 한국 청년들은 외로움을 이기기 위해 보호받는 관계, 보호받는 공간, 진정성이 있는 관계, 다른 이들과의 연대, 그리고 안 무서운 사람을 원한다. 내가 나인 그대로 인정받는 관계, 내가 나인 그대로 갈 수 있는 공간, 나를 있는 그대로 받아 주는 주변인과 윗사람들. 숨을 쉴 수 있는 만남을 원하고, 숨통을 틔워 주는 곳에 가고 싶어 하고, 허술함을 보여 주는 언니와 누나, 오빠와 형을 갈급하고 있다. 너무 빡빡하지 않은 사회, 너무 하나만 요구하지 않는 사회, 받아 주는 사회를 원한다. 역시, 경직된 한국 사회가 걸림돌이다.

아빠인 나는 묻는다. 왜 우리는 자식들에게 타인을 먼저
배려하라고 선뜻 말해 주질 못할까? 이유는 우리 모두가
잘 알고 있듯 이 세상이 각자도생을 요구하기 때문이다.
대다수의 사람들은 풍요로움이 넘쳐 나는 가운데도 각자
자신의 생존을 걱정해야 하는 시대의 모순을 순순히
받아들인 채 살아가고 있다.(김만권, 2023, p. 343)

어릴 때 나는 외로웠다. 그건 지금도 그렇다. 왜냐하면
내가 어떤 것을 알고 있고, 그것을 다른 사람에게 알려
주어야 하는데도 다른 사람들은 그것을 하나도 모르고,
전혀 알고자 하지도 않기 때문이다. 고독(외로움)이란

and they don't know anything about it, and they
don't want to know anything about it. Loneliness
is not caused by the absence of people around one,
but by the inability to communicate to others what
one considers important, or when one considers
an idea to be of value and it is considered not at all
so by others... Community can only flourish where
every individual remembers his uniqueness and does
not identify with others. (Jung, 2012, p. 442)

Loneliness in relationships, loneliness that is not contagious, protection, and the rigid Korean society that underlies them. This is the current state of loneliness that Koreans feel. In a way, I was already sensing these things with my skin, but it made me still uncomfortable to study loneliness, create an exhibition, and organize a forum to encounter them in concrete terms. The roots of loneliness in the rigid nature of Korean society seemed to be a huge barrier, so I couldn't avoid asking skeptical questions. Can we really reduce loneliness? Can we reduce loneliness without changing Korean society? Can we change Korean society? How can we do it? I don't have easy or definitive answers to these questions yet. However, many people, including Korean youth, talk about solidarity, community, open-mindedness, and civil society movements as solutions. A gesture of offering a shoulder to lean on (Kim, 2023, p. 30), to give people the assurance that we see them and hear them (Hertz, 2021, p. 376), respecting and understanding each other as they are (Suh, 2024, p. 184), and the necessary "actions by individuals" (Putnam, 2000, p. 403). Hertz (2021) argues for a more proactive response. She emphasizes the importance of increasing opportunities for citizens to exercise their voice because a fundamental reason we feel invisible in this lonely century is the feeling that political leaders who do not listen to our concerns and cries are making decisions in our name that we would never agree with. She argues that we need to participate in democracy

> 그의 주변에 사람들이 없기 때문에 생기는 것이기보다
> 남에게 자기가 중요하다고 여기는 것을 전달할 수 없거나,
> 자기는 어떤 생각이 가치가 있다고 생각하는데 그것이
> 다른 사람에게는 전혀 그렇지 않다고 간주될 때 생기는
> 것이다... 공동체는 오직 모든 개체가 자기의 고유성을
> 기억하고 다른 사람과 동일시하지 않는 곳에서만 꽃필
> 수가 있다.(융, 2012, p. 442)

관계에서의 외로움, 감염되지 않는 외로움, 보호, 그리고 이들의 기저에 있는 경직된 한국 사회. 한국인이 느끼는 외로움의 현주소이다. 어찌 보면 피부로 이미 알고 있었던 것들이었다. 그럼에도 외로움을 공부하고 전시를 만들고 포럼을 진행하면서 이를 구체적으로 확인하는 과정은 여전히 불편했다. 경직된 한국 사회라는 외로움의 뿌리가 너무나 큰 벽으로 다가왔다. 그래서 나는 회의적인 질문을 피할 수 없었다. 과연 우리가 외로움을 줄일 수 있을까? 한국 사회의 변화 없이 외로움을 줄일 수 있을까? 한국 사회를 변화시킬 수 있을까? 어떻게 할 수 있을까? 나는 이 질문들에 대해 아직 쉽고 확실한 답을 찾지 못했다. 그러나 한국 청년들을 포함한 많은 이들이 그 해법으로 연대와 공동체, 열린 마음, 시민사회 운동을 이야기한다. 서로 기댈 수 있도록 어깨를 내어 주는 몸짓(김찬호, 2023, p. 30), 사람들에게 그들을 보고 그들의 말을 듣고 있다는 확신을 주는 (허츠, 2021, p. 376), 서로 존중하며 이해하는 것(서은국, 2024, p. 184), 그리고 개인들의 행동(퍼트넘, 2019, p. 672). 허츠 (2021)는 더 적극적인 대응을 이야기한다. 지금의 외로운 세기에 우리가 보이지 않는 존재가 된 듯한 느낌을 받는 근본적인 이유가 우리의 우려와 절규에 귀 기울이지 않는 정치 지도자들이 우리가 절대 동의하지 않을 의사결정을 우리 이름으로 내리고 있다는 느낌 때문이므로 시민의 발언권을 행사할 기회가 늘어나는 것이 중요하다고 강조한다. 또, 우리가 지금보다 서로에게 그리고 정치에 연결되어 있다고 느끼기 위해 민주주의에 더 의미 있고

in a more meaningful and sustained way to feel more connected to each other and to politics than we do now (p. 377). If different people work together to build muscles of cooperation, compassion, and caring, we can feel more connected to each other and develop a sense that we belong to the same place with a common destiny, which can help us overcome feelings of loneliness (p. 385).

> "Are you listening to me?" This is the English equivalent of "Are you with me?". It's a very simple and easy sentence, but it has a deep meaning. To listen is to be present with the other person. It's about giving them your full attention and enveloping yourself in their presence. Listening is a gesture of offering a shoulder to lean on. From that place, the heart connects and grows. (Kim, 2023, p. 30)

> People are the absolute condition for happiness, but it is not advisable to drop everything and live only "for" another person. Respecting and understanding each other as they are, with their unique dreams, values and ideals, is what living "with" a person looks like. (Suh, 2024, p. 184)

> Actions by individuals are not sufficient to restore community, but they are necessary… Whether the specific suggestions I have made for institutional form are persuasive or not is less important than the possibility that we may have a national debate about how to make our institutions more social capital-friendly. In the end, however, institutional reform will not work—indeed, it will not happen—unless you and I, along with our fellow citizens, resolve to become reconnected with our friends and neighbors. (Putnam, 2000, pp. 403, 413-414)

지속적인 방식으로 참여해야 한다고 역설한다(p. 377). 서로 다른 사람들이 함께 협력과 온정과 배려의 근육을 키운다면 서로 더 큰 연결감을 느낄 수 있고 우리가 공동의 운명을 지닌 동일한 곳에 소속되어 있다는 의식을 키울 수 있을 것이며 이를 바탕으로 외로움을 극복할 수 있다고 호소한다(p. 385).

> 지금 내 말 듣고 있니? 이 말을 영어로는 Are you with me?라고 표현한다. 아주 간단하고 쉬운 문장이지만, 의미는 사뭇 깊다. 경청한다는 것은 상대방과 함께 있는 것이다. 온전한 주의(total attention)를 기울이면서 그 존재에 자신을 포개는 것이다. 귀를 기울인다는 것은 서로 기댈 수 있도록 어깨를 내어 주는 몸짓이다. 그런 자리에서 마음은 이어지고 자라난다.(김찬호, 2023, p. 30)

> 사람은 행복의 절대 조건이지만, 나의 모든 것을 버리고 오직 남을 위해 사는 것은 바람직하지 못하다. 각자가 가진 독특한 꿈, 가치와 이상을 있는 그대로 서로 존중하며 이해하는 것. 이것이 사람과 함께 사는 모습이다.(서은국, 2024, p. 184)

> 개인들의 행동은 공동체의 복원에 충분조건은 아니지만 필요조건이다. ... 정말 중요한 문제는 어떻게 하면 우리의 제도를 보다 사회적 자본 친화적으로 만들 수 있는가의 문제를 놓고 국가적 토론을 개최할 수 있는 가능성이다. 그렇지만 결국 여러분과 나 그리고 우리 동료 시민들이 친구와 이웃들과 다시 연계 관계를 맺으려고 마음먹지 않는 한 아무리 제도 개혁이 되어도 효과가 없다는 사실, 아니 아예 제도 개혁은 이루어지지 않는다는 점이다. (퍼트넘, 2019, p. 672, 693)

나는 이 여정의 끝에서 외로움이라는 감정 상태가 더

> At the end of this journey, I see the possibility of a counter-narrative of loneliness, in spite of the more rhetorical, stigmatising, and psychological representations of this emotional state. An interpretation that acknowledges the birth and material roots of this feeling and recognises loneliness as a product consistent with and functional to the capitalist socio-economic model and its reproduction. In recent centuries, we have felt more and more lonely, while we have sensed loneliness in various ways. By directing this paradoxically collective pain towards its true cause, could we transform it into a tool of struggle?
> — Rebecca Moccia, Archive board of the exhibition *Ministries of Loneliness*

Solidarity, community, open-mindedness, and civil society movements. These are also presented as ways to solve other challenges of contemporary society, such as social polarization and the need for economic justice. Is it a coincidence that the solution to our loneliness and the way out of the crisis of contemporary society triggered by capitalism and neoliberalism are the same? Can restoring solidarity, community, open-mindedness, and civil society really change Korean society and transform contemporary society, and thus reduce not only people's loneliness but also the ills of modern society?

수사적이고 낙인찍기 쉽고 심리적인 것으로 표현되고 있음에도 불구하고 외로움에 대한 반대 서사의 가능성을 보았다. 외로움 감정의 탄생과 물질적 뿌리를 인정하고, 외로움을 자본주의 모델과 그 재생산의 일관되고 기능적인 결과물로 인식하는 해석이다. 그러한 관점에서 외로움의 정서적 고통은 외로움을 느끼는 이들이 부족해서가 아니라 물리적, 사회적, 기후적 붕괴로 이어지는 지금의 시스템에 대해 모두가 함께 갖는 생리적 저항이라고 볼 수 있다. 최근 몇 세기 동안 우리는 점점 더 외로움을 느껴 왔다. 역설적이게도 집단적으로 나타나는 외로움이라는 고통의 진정한 원인을 들여다보고 이를 투쟁의 도구로 바꿀 수 있을 것인가?
— 레베카 모치아, 전시 《외로움의 지형학》의 아카이브 중에서

연대와 공동체, 열린 마음, 시민사회 운동. 이들은 사회 양극화나 경제 정의와 같은 현대 사회의 다른 과제를 해결하는 방법으로도 제시되는 것들이다. 우연일까, 우리의 외로움과 자본주의와 신자유주의가 촉발한 현대 사회의 위기를 헤쳐 나가는 길이 같은 것이? 연대와 공동체, 열린 마음, 시민사회를 회복하면 정말로 한국 사회를 변화시키고, 현대 사회를 변화시킬 수 있지 않을까? 그래서 결국 사람들의 외로움뿐 아니라 현대 사회의 병폐를 모두 줄일 수 있지 않을까?

REFERENCES

Alberti, F. B. (2022). 우리가 외로움이라고 부르는 것에 대하여 (*A biography of loneliness: The history of an emotion*). (Seo Jin-hee, Trans.) Miraebook. (Original work published 2019)

Cacioppo, J. T. & Patrick, W. (2013). 인간은 왜 외로움을 느끼는가 (*Loneliness: Human nature and the need for social connection*). (Lee Won-gi, Trans.) Minumsa. (Orignal work published 2009)

Hertz, N. (2021). 고립의 시대: 초연결 세계에 격리된 우리들 (*The lonely century: A call to reconnect*). (Hong Jeong-in, Trans.) Woongjin Readers. (Original work published 2020)

Jang, Hyejin. & Kim, Youngkeun (2024). 한국 사회의 고독과 외로움: 인식적 탐색과 이해 [Solitude and Loneliness in Korean Society: Cognitive Exploration and Understanding]. 한국심리학회지: 인지 및 생물 /*The Korean Journal of Cognitive and Biological Psychology*, 36(3), 111-136.

Jung, C. G., Aniela Jaffé(ed) (2012). C. G. Jung의 회상, 꿈 그리고 사상 (*Memories, dreams, reflections*). (Lee Boo-young, Trans.) Jipmoondang. (Original work published 1963)

Kim, C. H. (2023). 한국인의 사회적 고립과 외로움 [Social isolation and loneliness of Koreans]. 기독교사상 /*Christian Thoughts*, 777, 23-32.

Kim, Man-Kwon (2023). 외로움의 습격: 모두, 홀로 남겨질 것이다 [The attack of loneliness: All, will be left alone]. Goyang: Hyedabooks.

Kwon O-hyeon (2023). 한국 사회의 변동과 한국인의 고독 [Fluctuations in Korean society and the loneliness of Koreans]. 기독교사상 /*Christian Thoughts*, 777, 11-22.

Lee, C. H. (2014). 필 때도 질 때도 동백꽃처럼 [Like a camellia, whether blooming or wilting]. Seoul: Maumsanchaek.

Putnam, R. D. (2000). *Bowling alone: The collapse and revival of American community*. Simon & Schuster Paperbacks.

Seo, Y.S., An, S.J., Kim, H.J., & Ko, S.I. (2020). 한국인의 외로움(loneliness): 개념적 정의와 측정에 관한 고찰 [Review on the conceptual definition and measurement of loneliness experienced among Koreans]. 한국심리학회지: 일반 /*Korean Journal of Psychology: General*, 39(2), 205-247.

Suh, Eunkook (2024). 행복의 기원: 인간의 행복은 어디서 오는가 [The origin of happiness]. Book21.

Uhm Yeeun (2023). 그 외로움, 이해받고 싶은 욕망 [That loneliness, the desire to be understood]. 월간에세이 /*Monthly ESSAY*, 437, 32-35.

참고문헌

권오헌. 2023. 한국 사회의 변동과 한국인의 고독. 『기독교사상』. 777, 11-22.

김만권. 2023. 『외로움의 습격: 모두, 홀로 남겨질 것이다』. 고양시: 혜다.

김찬호. 2023. 한국인의 사회적 고립과 외로움. 『기독교사상』. 777, 23-32.

노리나 허츠 지음. 홍정인 옮김. 2021. 『고립의 시대: 초연결 세계에 격리된 우리들』. 파주시: 웅진지식하우스.

로버트 D. 퍼트넘 지음. 정승현 옮김. 2019(개정판 3쇄). 『나 홀로 볼링: 사회적 커뮤니티의 붕괴와 소생』. 서울시: 페이퍼로드.

서영석, 안수정, 김현진, 고세인. 2020. 한국인의 외로움(loneliness): 개념적 정의와 측정에 관한 고찰. 『한국심리학회지: 일반』, 39(2), 205-247.

서은국. 2024. 『행복의 기원: 인간의 행복은 어디서 오는가』. 파주시: 21세기북스.

엄예은. 2023. 그 외로움, 이해받고 싶은 욕망. 『월간에세이』. 437, 32-35.

이해인. 2014. 『필 때도 질 때도 동백꽃처럼』. 서울시: 마음산책.

장혜진, 김영근. 2024. 한국 사회의 고독과 외로움: 인식적 탐색과 이해. 『한국심리학회지: 인지 및 생물』. 36(3), 111-136.

존 카치오포, 윌리엄 패트릭 지음. 이원기 옮김. 2013. 『인간은 왜 외로움을 느끼는가』. 서울시: 민음사.

칼 G. 융 지음. 아니엘라 야훼 엮음. 이부영 옮김. 2012. 『C. G. Jung의 회상, 꿈 그리고 사상』. 파주시: 집문당.

페이 바운드 알베르티 지음. 서진희 옮김. 2022. 『우리가 외로움이라고 부르는 것에 대하여』. 서울시: 미래의창.

EXHIBITION

REBECCA MOCCIA

ARTIST OF MINISTRIES OF LONELINESS, 15TH GWANGJU BIENNALE ITALIAN PAVILION

전시

레베카 모치아

**외로움의 지형학
제15회 광주비엔날레 이탈리아관
작가**

AN INTRODUCTION TO THE MINISTRY OF LONELINESS PROJECT [1]

With the outbreak of the COVID-19 pandemic, I increasingly felt an unexpected sense of loneliness. Being a human in this destructive global political-economic system and also part of the artistic community, I felt the need and, at the same time, the difficulty of creating real communities, of responding collectively to serious and urgent problems on the personal and collective scales.

It was the year 2021, and in the midst of one of the lockdowns, I heard about a ministry related to loneliness

'MINISTRY OF LONELINESS' 프로젝트 [1]

코로나19 팬데믹이 발발하면서 나는 예상치 못했던 외로움이라는 감정을 점점 더 많이 느꼈다. 파괴적인 글로벌 정치·경제 체제의 한 사람이자 예술계의 일원으로서, 개인·집단적 규모의 심각하고 긴급한 문제에 공동으로 대응하는 진정한 공동체를 만들어야 할 필요성과 어려움도 동시에 느꼈다.

     2021년, 봉쇄 조치 중에 외로움과 관련된 부처에 대해 처음 알게 되었다. 라디오에서 2018년 영국에 설립된 외로움부 (그 후, 캐나다와 일본에도 비슷한 기관이 설립되었다는 것을 알게 되었다) 장관이 당시

for the first time. The radio reported a speech by the British Minister of Loneliness, established in the country in 2018—afterward, I learned that similar institutions had also been founded in Canada and Japan—addressing the UK citizens confined at home, announcing a significant investment in the government fund to reduce loneliness.

I immediately felt that this news touched the exposed nerve of a contradiction I wanted to investigate. In particular, I wondered about the purpose of such an institution and how it could address a feeling like loneliness, which seems pervasive and at the same time inherently hidden and suddenly brought to global attention by the pandemic. A feeling that, until that moment, I had seen answered by words and interpretations that now suddenly seemed unconvincing.

Therefore, I began an investigation that took place in Italy, England, the United States, Japan, and South Korea over

집에 갇혀 있는 영국 국민에게 연설한 내용을 보도했는데, 외로움을 줄이기 위해 정부 기금에 대폭 투자할 것이라는 발표였다.

나는 이 뉴스가 내가 조사하고 싶었던 모순이 드러나는 지점을 건드리고 있음을 바로 알아챘다. 외로움부의 목적이 궁금했다. 그리고, 만연해 있으면서도 본질적으로는 숨겨져 있다가 팬데믹으로 인해 갑자기 전 세계의 주목을 받게 된 외로움과 같은 감정을 그들이 어떻게 다룰지 궁금했다. 그 순간까지 내게 답을 주던 해석과 말들이 갑자기 설득력을 잃는 느낌도 받았다.

그래서 나는 지난 3년 동안 이탈리아, 영국, 미국, 일본, 한국에서 조사를 진행했다. 이 연구는 공간, 물질세계, 그리고 신체와 정치·경제적 맥락 사이의 다양한 관계 네트워크가 외로움이 출현하고 경험되는 방식에 미치는 영향을 탐구하는 데서 시작됐다.

첫 연구로, 2022년 런던[2]에서 외로움부의 의도와 활동, 설립 배경, 외로움의 역사, 그리고 영국에서 외로움이 진화한 과정을 자세히 살펴볼 기회를 가졌다. 관료적 차원을 넘어 커뮤니티를 구축하고 외로움을 해결하기 위한 그룹인 Sunday Assembly[3], MeetUp Mondays[4], Extinction Rebellion[5] 회의, 시위 등에 참여해 사람들의 경험을 수집했다.

연구 초반부터 외로움부의 주요 목표가 외로움의 상태를 분류하고 측정하는 것임이 분명히 드러났다. 이 목표를 추구하기

the past three years. This research started by exploring the crucial influence of spaces, the material world, and the various networks of relationships between bodies and political-economic contexts, on the ways in which loneliness emerges and is experienced.

My journey began in London[2] in 2022 where I had the chance to look closely at the intentions and actions carried out by the Ministry of Loneliness, the architecture in which it was established, and the history of loneliness and its evolution in the British context. I collected people's experiences by participating in various initiatives such as the Sunday Assembly, MeetUp Mondays, Extinction Rebellion meetings, and demonstrations, with the aim of building communities and addressing loneliness beyond the bureaucratic level.

From this very first phase of my research, it became clear to me that the primary goal of the Ministry of Loneliness was, first and foremost, to make this condition classifiable and measurable. Among the various tools to pursue this objective, the "UCLA Loneliness Scale" caught my attention. It is a questionnaire developed in 1978 by the University of California, to assess the level of loneliness in subjects and is still used by the government today.

I began manipulating such a tool, adding and removing questions and then using it in several workshops with different communities as a way to reflect together on the connection between loneliness and political structures. Meanwhile, I moved to the U.S., the country where the largest scientific studies on loneliness have been conducted. There I observed the history of positive thinking in American society, acquired talismans to ward off complaints, and witnessed the proliferation of the "economies of loneliness"—economic activities that rely on supporting or exploiting those who feel lonely. I

위한 도구 중 'UCLA 외로움 척도'가 내 관심을 끌었다. 1978년 미국 캘리포니아대학교가 피험자의 외로움 수준을 평가하기 위해 개발한 설문지로, 현재까지도 정부에서 사용되고 있는 척도다. 나는 질문을 추가하고 빼면서 이 도구를 조정했고, 다양한 커뮤니티와 함께 여러 워크숍에서 외로움과 정치 구조 사이의 연관성에 대해 함께 생각해 보는 방법으로 사용했다.

이어서 나는 외로움에 관해 가장 많은 과학적 연구가 이루어진 미국으로 건너갔다. 그곳에서 미국 사회의 긍정적 사고의 역사를 관찰하고, 불평을 막는 부적을 얻었으며, 외로움을 느끼는 사람들을 지원하거나 착취하는 경제 활동인 '외로움의 경제'가 확산하는 것을 목격했다. 직업적 '친구'와 '돌보미', RentAFriend.com이나 Cuddle Buddy와 같은 플랫폼에서 일하는 사람들을 만났고, 공동 거주와 공유 사무실(잘 알려진 WeWork와 같은) 등의 유료 커뮤니티가 확산하는 것을 봤다. 또한 바드 칼리지의 한나 아렌트 자료실을 방문하여 우리 자신과 세상으로부터 자유롭게 멀어진 이 시대를 통찰하는 아렌트의 '정치적 외로움' 개념을 소개받았다.

리서치는 일본에서 계속되었다. 일본의 서구화와 산업화가 외로움이라는 감정의 확산에 미친 영향을 관찰하고, 2021년 설립된 일본 외로움부와 고독고립대책추진실의 업무를 조사했다. 나는 일본의 1인용 건축물에 충격을 받았는데 명백히 혼자가 되도록 디자인된 장소들, 가령 가라오케 룸, 만가킷사[6], 캡슐호텔뿐만 아니라 식당 테이블, 히키코모리의 서식지, 더 중요하게는 점증하는 요구 사회[7]에 대한 저항, 최악의 경우 고독사가 일어난 현장 등이었다.

1년 후, 나는 주한이탈리아문화원의 초대를 받아 한국에 와서 정소익 큐레이터가 기획한 제15회 광주비엔날레 이탈리아관 프로젝트를 진행했다. 이 프로젝트를 위해 한국에 3개월

encountered professional "friends" and "cuddlers," workers from platforms like RentAFriend.com or Cuddle Buddy, witnessing the spread of paid communities such as co-living and co-working (like the extremely popular WeWork). In the United States, I also visited the Hannah Arendt archives at Bard College, where I was introduced to her idea of a "political loneliness" for our time of liberal detachment from ourselves and the world.

The research continued in Japan where I delved into the work of the Japanese Ministry of Loneliness and the Office for Policy on Loneliness and Isolation established in 2021, observing the influence of Westernisation and industrialization on the spread of this emotional state in the country. In Japan, I was struck by solitary architectures, meaning places explicitly designed for being alone: karaoke rooms, manga kissa, capsule hotels, but also restaurant tables and rooms where *hikikonmori* live and, more importantly, protest an increasingly demanding society and that, in the worst cases, become theatres of "kodokushi" (lonely deaths).

A year later I arrived in South Korea invited by the Italian Cultural Institute in Seoul to work on a project for the Italian Pavilion at the 15th Gwangju Biennale curated by Soik Jung. To develop the project I spent a total of three months in Korea, most of this time hosted in a residency by the Seoul Institute of the Arts.
There I decided to conduct collective research and produce the exhibition works through a series of workshops with university students; part of this process is detailed in the following pages.

Through their eyes, I encountered Korea's "we-ness loneliness," created when a collectivist society meets the competition of the neoliberal struggle for survival. They told me of the exhausting run to get into the best university,

동안 머물렀는데 그중 대부분을 서울예술대학교가 제공한 레지던시에서 지냈다. 나는 그곳에서 학생들과 함께 워크숍을 진행하면서 공동 연구를 수행하고 전시 작품을 제작하기로 했다. 다음 장에서 이 과정 일부를 더 설명하겠다.

학생들의 눈을 통해 나는 집단주의 사회와 신자유주의적 생존경쟁이 만나 만들어 낸 한국의 '우리성[8]의 외로움'을 만났다. 그들은 일류 대학에 들어가기 위한 고된 레이스, 서울에서 살기 위한 내부 이민 등을 이야기했는데, 모두 '우리'가 되고 정상적인 삶과 인정받는 사회적 지위를 얻기 위해, 즉 결혼중개업체 회원 분류에서 A급을 받기 위해 자발적으로 고립되는 경험이라고 했다.

이 여정의 끝에 일련의 작품과 프로세스가 만들어졌다. 뒤에 더 자세히 설명할 것이다. 나는 이 연구로부터 분출한 가장 중요한 감정이, 외로움의 감정 상태를 수사적이고 낙인적, 심리적으로 재현했음에도 불구하고 외로움에 관한 대항 서사의 가능성이라고 믿는다. 이는 이 감정의 탄생과 물질적 뿌리를 인정하고 외로움을 자본주의 모델과 그 재생산에 부합하고 기능하는 상품으로 인식하는 해석이다.

최근 몇 세기 동안 우리는 점점 더 외로움을 느꼈다. 이 역설적인 집단적 고통을 그 진정한 원인과 마주하는 것으로 우리는 외로움을 투쟁의 도구로 바꿀 수 있을까?

or of internal migrations to live in Seoul, both experienced as voluntary isolations in search of becoming "we," having a normal life and an acceptable social status: A-level in the classification of users of marriage agencies.

At the end of this journey, a series of works and processes have been created, which are described in more detail later in this publication. However, I believe the most important feeling that emerges from this research is the possibility of a counter-narrative of loneliness, despite the more rhetorical, stigmatizing, and psychological representations of this emotional state. An interpretation that acknowledges the birth and material roots of this feeling and recognises loneliness as a product consistent with and functional to the capitalist model and its reproduction.

In recent centuries, we have felt more and more lonely: by directing this paradoxically collective pain toward its true cause, could we transform it into a tool of struggle?

---

1. An earlier version of this text appeared in Estremo V., Moccia, R., Nuzzi C., *Rebecca Moccia. Ministry of Loneliness*, 2023, Humboldt Books, published on the occasion of the project's first exhibition at ICA Milano.

2. The project *Ministry of Loneliness* was carried out through grants and artist residencies thanks to the support of several Italian and international institutions including: Italian Ministry of Culture (Italian Council X - DGCC), Outset England, Jupiter Woods, Magazzino Italian Art, Institute for Social Ethics and the Institute for Religion and Culture at Nanzan University in Nagoya, the Italian Embassy in Tokyo and ICA Milano.

1. 이 글은 ICA 밀라노에서 열린 'Ministry of Loneliness' 프로젝트 첫 전시의 출판물인 『Rebecca Moccia. Ministry of Loneliness』(Estremo V., Moccia, R., Nuzzi C., 2023. Humboldt Books)에 게재된 글을 바탕으로 한다.

2. 《Ministry of Loneliness》 프로젝트는 이탈리아 문화부(Italian Council X - DGCC), 아웃셋 잉글랜드, 주피터 우즈, 마가지노 이탈리안 아트, 나고야 난잔대학교의 사회윤리연구소와 종교문화연구소, 도쿄의 이탈리아대사관, ICA 밀라노 등 여러 이탈리아 및 국제 기관의 보조금과 아티스트 레지던시를 지원받아 진행되었다.

3. 2013년 1월 영국 런던에서 샌더슨 존스와 피파 에번스가 공동 창립한 비종교 모임. 이 모임은 주로 종교적 교회와 유사한 공동체 경험을 원하는 비종교인들을 대상으로 하지만 종교인들도 참여한다. 2019년 12월 현재 전 세계 48개 지역에 설립되어 있는데 대부분 유럽과 미국에 있다. 지역사회의 자원봉사자들에 의해 운영된다.

4. 월요일에 펍, 카페, 커뮤니티센터 등지에서 차와 커피 따위를 마시며 친목을 도모하고 외로움을 달래는 커뮤니티 활동. 런던 남부에서 시작됐고, 서퍽을 중심으로 전국으로 확산되어 여러 지역에서 이 행사가 열린다.

5. Extinction Rebellion(멸종 반란, 약칭 XR)은 영국에서 설립된 글로벌 환경 운동으로, 비폭력 시민불복종 운동의 기치 아래 기후 시스템의 임계점, 생물 다양성 손실, 사회 및 생태 붕괴의 위험을 피하기 위한 정부 조치를 요구하는 활동이다.

6. Manga Kissa. 일본 대도시에 산재한 만화책, 잡지 따위를 비치한 카페. 24시간 영업, 1인용 열람실, 무료 와이파이 등을 특징으로 한다.

7. Demanding Society. 정보 통신 기술 등의 발달로 새로운 서비스와 비즈니스 기회에 대한 필요를 창출하는 사회.

8. 우리성(性). We-ness.

56 EXHIBITION:

Rebecca Moccia, *Ministries of Loneliness,* Still frame from the video. 2023-2024.
Courtesy the Artist, Careof and Mazzoleni London-Torino.

Right now these people are discussing what it means to feel lonely.

58 EXHIBITION:

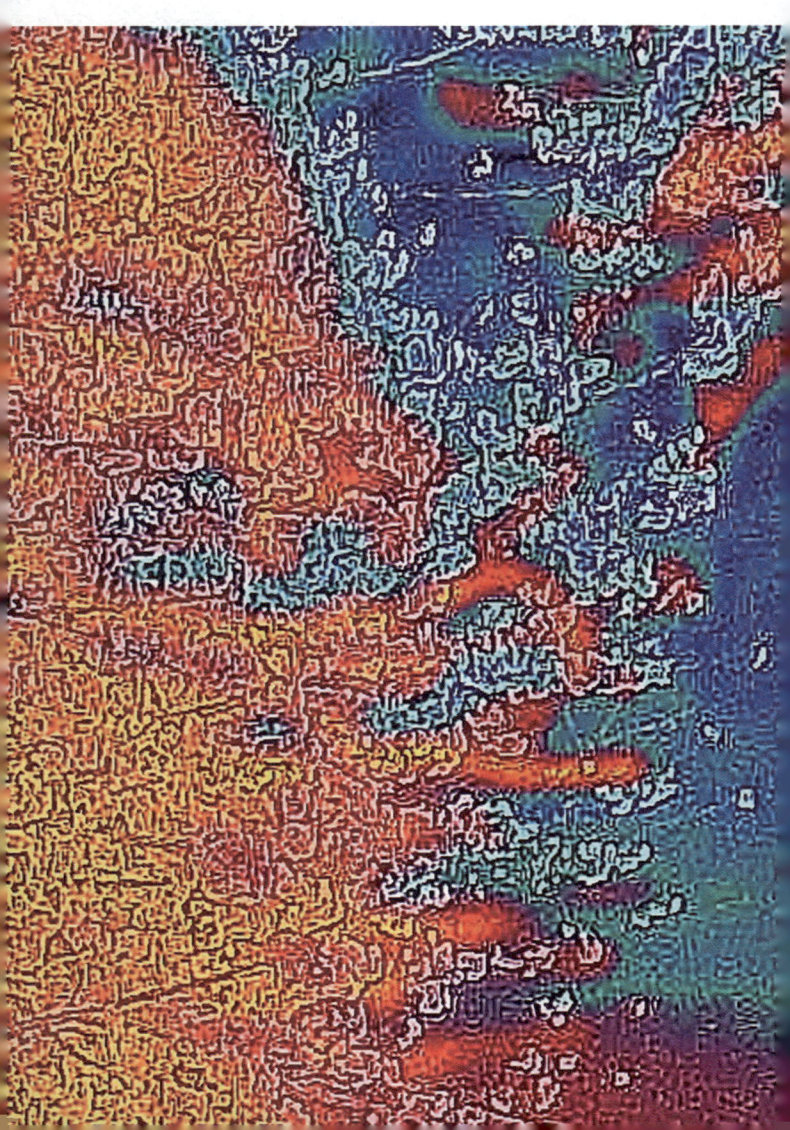

INTRODUCTION 59

Rebecca Moccia, *Cold as You Are (Cherry Blossom)*. 2024.
Courtesy the Artist and Mazzoleni London-Torino.

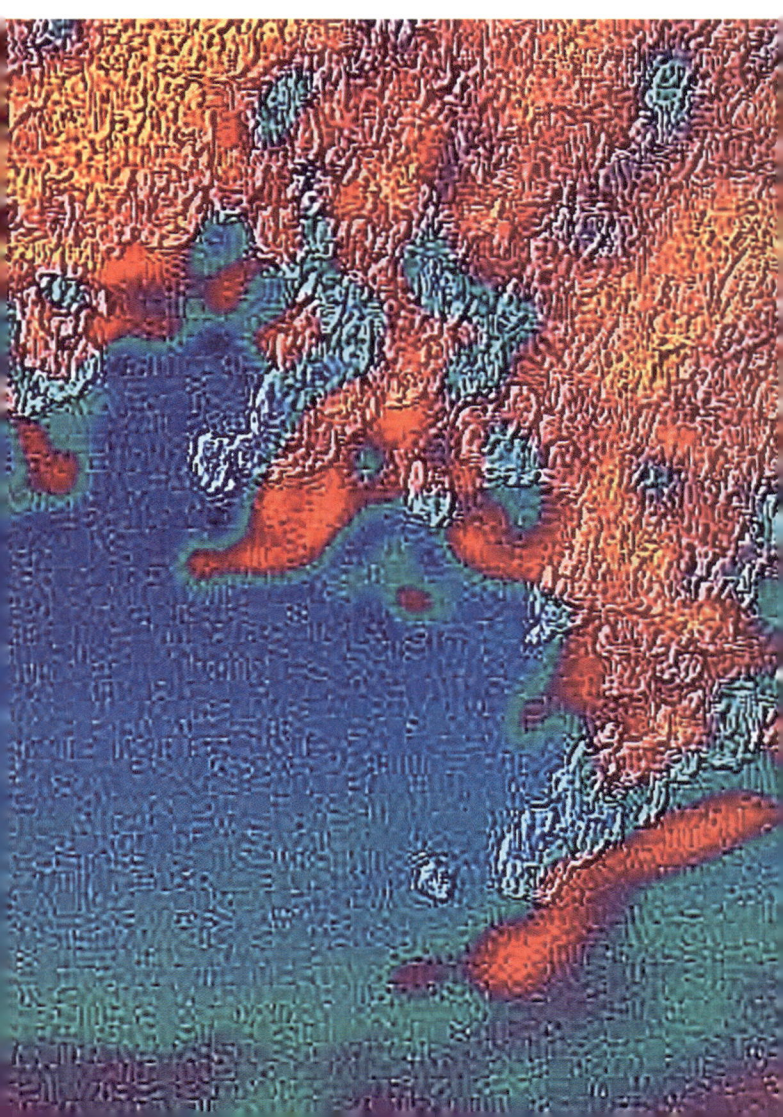

RM[1] Loneliness Scale.

Instructions: The following statements describe how people sometimes feel. For each statement, please indicate how often you feel the way described by placing a check in the space provided. Here is an example: How often do you feel happy? If you never felt happy, you would check "never"; if you always feel happy, you would check "always." Once finished, please leave the form in the clipboard inner pocket.[2]

All contributions will remain anonymous.

	NEVER 1	RARELY 2	SOMETIMES 3	ALWAYS 4
*1. How often do you feel that you are "in tune" with the people around you?			✓	
2. How often do you experience a general sense of emptiness?			✓	
3. How often do you feel cold?			✓	
4. How often do you feel faded?				
*5. How often do you feel part of something?				✓
*6. How often do you feel that there are people you can trust completely?				✓
7. How often do you feel invisible?		✓		
8. How often do you feel that your interests and ideas are not shared by those around you?			✓	
*9. How often do you feel adequate?			✓	
*10. How often do you feel close to the people?				✓
11. How often do you feel left out?		✓		
12. How often do you feel lost?				
13. How often do you feel that no one really knows you well?		✓		
14. How often do you feel alone?			✓	
*15. How often do you feel heard?			✓	
*16. How often do you feel free?	✓	✓		
17. How often do you feel shy?		✓		
18. How often do you feel that people are around you but not with you?			✓	
*19. How often do you feel safe?			✓	
*20. How often do you feel that there are people you can talk to?				✓

Scoring: Items that are asterisked should be reversed (4 stands for 1, 3 for 2, 2 for 3, 1 for 4) and scores for each item then summed together. Higher scores indicate greater degrees of loneliness (with more than 43 points you can consider yourself alone).

58   42   101

23
15

[1] This scale is a fictional tool. It was conceived by mixing different scientific tools to measure loneliness as UCLA Loneliness Scale Version 3 (Daniel Russell, 1996), De Jong Gierveld Loneliness Scale (De Jong Gierveld and Van Tilburg, 2006), integrated by other statements created by the Artist.

47

[2] The questions are quite personal, so if you want to share other thoughts or you have curiosities about the project, please contact me at rebeccamoccia@gmail.com.

42

42

Loneliness Scales collected by Rebecca Moccia during research workshops. 2022-2024

RM[1] Loneliness Scale.（孤独スケール）

説明:アンケートの質問では、感情について伺います。各感情の頻度についてです。表の対応するボックスをチェックしてください。

例えば「どのくらいの頻度で幸せを感じますか?」幸せを感じたことがない場合は、「1、全く」をチェックしてください。また、「2、たまに（まれに）」、「3、時々」、「4、いつも」から選んでチェックを入れてください。

記入が完成しましたら、ブリーフケース[2]の内ポケットに入れてください。

すべての投稿は匿名です。

	全く 1	たまに 2	時々 3	いつも 4
*1. あなたはどのくらいの頻度であなたの周りの人々と調和していると感じていますか？			✓	
2. どのくらいの頻度で虚無感（むなしさ）を感じますか？		✓		
3. どのくらいの頻度で（自分から無関心）寒さを感じますか？		✓		
4. どのくらいの頻度で色あせを感じますか？	✓			
*5. どのくらいの頻度で自分が何かの一部だと感じますか？			✓	
*6. 完全に信頼できる人がいると感じる頻度はどれくらいですか？				✓
7. 自分が透明であるかのように感じる頻度はどれくらいですか？		✓		
8. 自分の興味や考えが周りの人に共有されていると感じることはどのくらいありますか？			✓	
*9. どのくらいの頻度で自分が適切だと感じますか？			✓	
*10. どのくらいの頻度で他の人に親近感を覚えますか？				✓
11. どのくらいの頻度で仲間はずれさされていると感じますか？			✓	
12. どのくらいの頻度で迷っていますか？			✓	
13. 自分のことを本当に知っている人が誰もいないと感じることはどのくらいありますか？			✓	
14. どのくらいの頻度で孤独を感じますか？		✓		
*15. どのくらいの頻度で聞いてくれていると感じますか？		✓		
*16. どのくらいの頻度で自由を感じますか？			✓	
17. どのくらいの頻度で自分がシャイ（消極的）と感じますか？			✓	
18. 周りは人はいるが一緒にいないと感じることはどのくらいありますか？			✓	
*19. どのくらいの頻度で自分自身に対して自信を感じますか？			✓	
*20. どのくらいの頻度で話せる相手がいると感じますか？		✓		

スコア: アスタリスクが付いている項目の値を逆にする必要があります (4 は 1、3 は 2、2 は 3、1 は 4)。各項目のスコアを合計する必要があります。 スコアが高いほど孤独度が高く、43点以上で孤独と見なすことができます。

---

[1] このスケールは、UCLA Loneliness Scale Version 3 (Daniel Russell、1996 年) や De Jong Gierveld Loneliness Scale (De Jong Gierveld および Van Tilburg、2006 年) など、孤独を測定するために使用されるさまざまな科学的手段を組み合わせて作成された架空の手段です。、アーティストによって作成されたいくつかのフレーズによって補足されます。

[2] 質問は非常に個人的なものです。他の考えを共有したい場合やプロジェクトに興味がある場合は、rebeccamoccia@gmail.com までご連絡ください。

EXHIBITION:

FILMING AND RESEARCH WORKSHOP AT SEOUL INSTITUTE OF THE ARTS

During my residency at the Seoul Institute of the Arts, I conducted site-specific research on loneliness in Korea, which later became part of the project *Ministries of Loneliness* for the Italian Pavilion at the 15th Gwangju Biennale. This research was mainly based on two workshops:

서울예술대학교
워크숍

서울예술대학교에서 레지던시를 하는 동안 나는 한국의 외로움에 관한 장소 특정적 연구를 수행했는데, 이는 나중에 제15회 광주비엔날레 이탈리아관의 프로젝트 《외로움의 지형학》의 일부가 되었다. 이 연구는 주로 두 가지 활동에 기반을 뒀다.

64 EXHIBITION:

The first workshop, accompanied a seminar as soon as I arrived in Korea in April, in which I told the students of the Seoul Institute of the Arts about my practice and research and asked the participants to share their ideas about loneliness with texts and drawings. From these initial materials and exchanges, I started to find places and situations from which to begin my work.

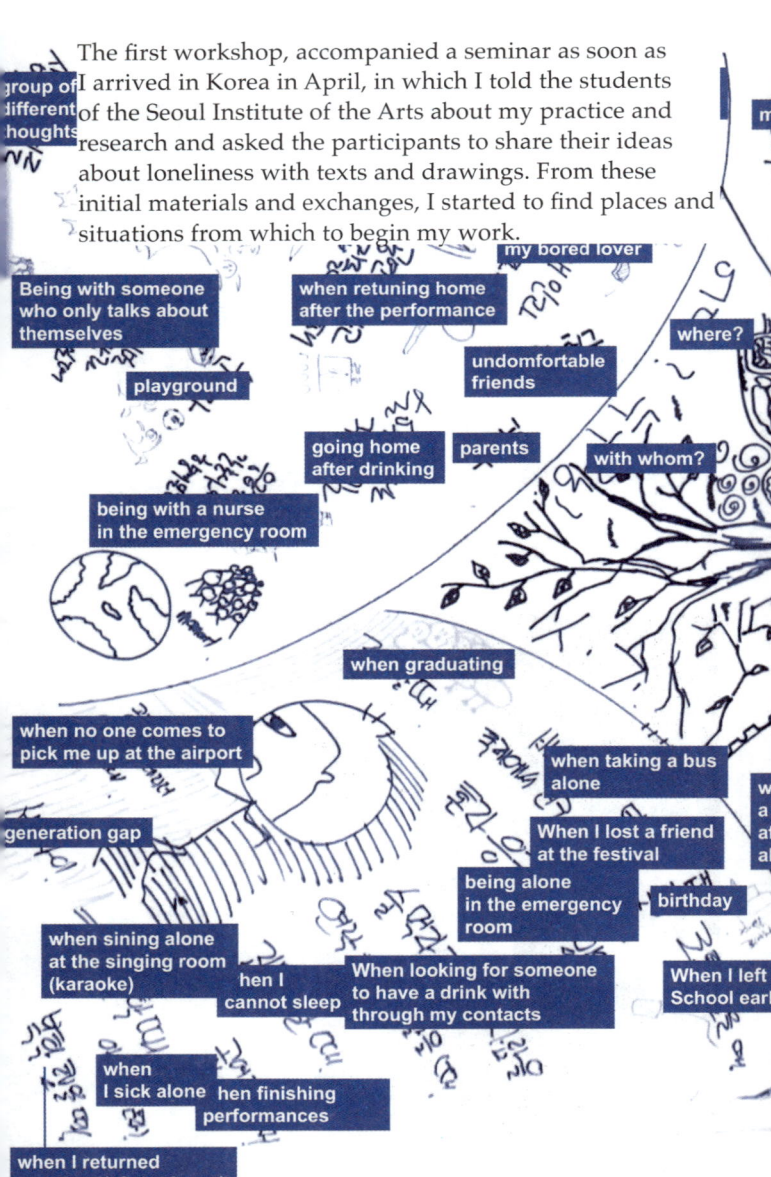

- group of different thoughts
- my bored lover
- Being with someone who only talks about themselves
- when retuning home after the performance
- where?
- playground
- undomfortable friends
- going home after drinking
- parents
- with whom?
- being with a nurse in the emergency room
- when graduating
- when no one comes to pick me up at the airport
- when taking a bus alone
- generation gap
- When I lost a friend at the festival
- being alone in the emergency room
- birthday
- when sining alone at the singing room (karaoke)
- hen I cannot sleep
- When looking for someone to have a drink with through my contacts
- When I left School earl
- when I sick alone
- hen finishing performances
- when I returned to school(after a leave)

WORKSHOP 65

첫 번째 활동은 4월에 한국에 도착하자마자 진행한 세미나와 짧은 워크숍이다. 그때 나는 서울예술대학교 학생들에게 내 작업과 연구를 이야기하고 참가자들에게 글과 그림으로 외로움에 관한 생각을 공유해 달라고 요청했다. 이 초기 자료와 교류를 통해 나는 작업을 시작할 장소와 상황을 찾기 시작했다.

walk
observing
eating delicious food
youtube
writing
painting
abdominal workshot
alcohol
seeing flowers
meeting friends
music
playing with a dog
cooking
touching a cat (snowwhite)
animal videos
eating delicious food
game
creative activities
movie
performance practice
chatting with friends
studying
eating spicy food
flower arrangeme
which part of body?
which activity?

m opening my eyes, ut I feel like m closing them
arm
forearm
ribs
entire body
itching
feeling like a ghost has passed by
pit of the stomach
knee
sholder
heart
when my heart suddenly hurts/tingles
eyes
top of head
taring the ceiling
when I am sick and home alone
When I lost a friend at the festival
generation gap

The second workshop, the most substantial part of this collaborative research process, was a two-week workshop in July involving nine students in screenwriting, filmmaking, and new media. This work, including co-research and co-authorship of texts and images, provided the essential material for the production of part of the video installation later presented in the Gwangju exhibition and was the basis for three video projects later made by the students themselves.

In the workshop, I tried to question with the students the methods I had used in my previous experience of research on loneliness in different geographical contexts and to experiment with new ones together with their help. In the case of the *Ministry of Loneliness* project, all the research was in fact based on a deep experiential dynamic based on physical encounters with people, places, or a situation that interested me, in which I tried to be involved, to participate and from which I created and developed images and works in a very intuitive and experimental way.

During the workshop period, the Ka-dong #201 became our shared studio—a fluid space where I, along with the students and Soik Jung, who co-led the project with me, entered and moved around during the days, organizing the space according to our needs. An extension of the studio was a drive folder where we collected all the materials (images, texts, video footage): https://drive.google.com/drive/u/0/folders/1oUKZ8gh33RXCAyFfNWM7lacoNB0FoeYk

Over the two weeks we spent together, we thus got to know each other −1, reasoned together about how to construct the workshop and the concept of "artistic research," and exchanged impressions, experiences, ideas and materials about loneliness. Everyone was asked to keep a multimedia diary −2 to recount their experience of the laboratory.

공동 연구 과정의 가장 중요한 부분인 두 번째 활동은 시나리오, 영화 제작, 뉴미디어 분야의 학생 9명이 참여한 7월의 2주간 워크숍이다. 글과 이미지의 공동 연구 및 공동 집필을 포함한 이 워크숍은 나중에 광주 전시에서 선보인 영상 작품의 제작에 필수적인 자료를 제공했으며, 이후 학생들이 직접 제작한 영상 프로젝트 세 개의 기초가 됐다.

워크숍 동안 나는 학생들에게 이전에 다른 지역에서 진행한 외로움 연구 방법에 관한 의견을 묻고, 그들의 도움을 받아 새로운 방법을 실험해 보고자 노력했다. 《Ministry of Loneliness》 프로젝트의 경우, 모든 연구는 실제로 내가 관심 있는 사람, 장소 또는 상황과 실제로 만나서 얻은 깊은 경험적 역동성에 기반을 둔 것이다. 나는 이에 몰입해 참여하면서 매우 직관적이고 실험적인 방식으로 이미지와 작품을 만들고 개발했다.

서울예술대학교의 가동 201호 스튜디오는 나와 학생들, 그리고 프로젝트를 함께 진행한 정소익 큐레이터가 함께 사용한 유동적인 공간으로서, 필요에 따라 공간을 구성하고 이동하며 작업하는 공유 스튜디오로 활용됐다. 스튜디오의 연장선에 있는 드라이브 폴더에 모든 자료(이미지, 텍스트, 비디오 영상)를 모았다. https://drive.google.com/drive/u/0/folders/1oUKZ8gh33RXCAyFfNWM7lacoNB0FoeYk

함께 보낸 2주 동안 우리는 서로를 알게 되었고 −1, 워크숍을 구성하는 방법과 '예술적 연구' 개념에 대해 함께 논의했으며, 외로움에 대한 인상, 경험, 아이디어, 자료를 교환했다. 나는 모든 사람에게 스튜디오의 경험을 이야기하는 일지를 다양한 매체를 이용해 쓰도록 요청했다 −2.

서로의 시각을 교환하는 첫 번째 방법은 4월의 첫 워크숍에서

A first method of "exchanging eyes" was to ask the students to work on hints that I had identified and had already begun to process after the first workshop conducted in April **−3**.

The students were divided into three groups, each group could choose whether to:
— write the text for footage filmed by me of cherry blossoms taken after a student mentioned in a note how seeing cherry blossoms made her feel very lonely;
— or go shoot footage in Bogwang-dong [보광동], a semi-abandoned neighborhood in Seoul that I had encountered through Soik Jung.

In the following days, many stories related to loneliness in Korea emerged from the research done as a group **−4**, different points of view, which the students made into video works that were then integrated into the research section of the exhibition in Gwangju.

As for the works developed for the Italian Pavilion thanks to the experiences resulting from this collective research, I made a video work shot during a train ride from Seoul to Gwangju with two of the students from the workshop. During the trip, we discussed internal migration in Seoul from both a historical and contemporary perspective and the emotions associated with it. The work also includes texts written by the students themselves, and collects the students' discussions on the relationship between singularity/collectivity and the concept of "we" in Korean society, relating it to the cherry blossom phenomenon. This video became part of a larger multichannel audio-video installation, the main piece of the exhibition.

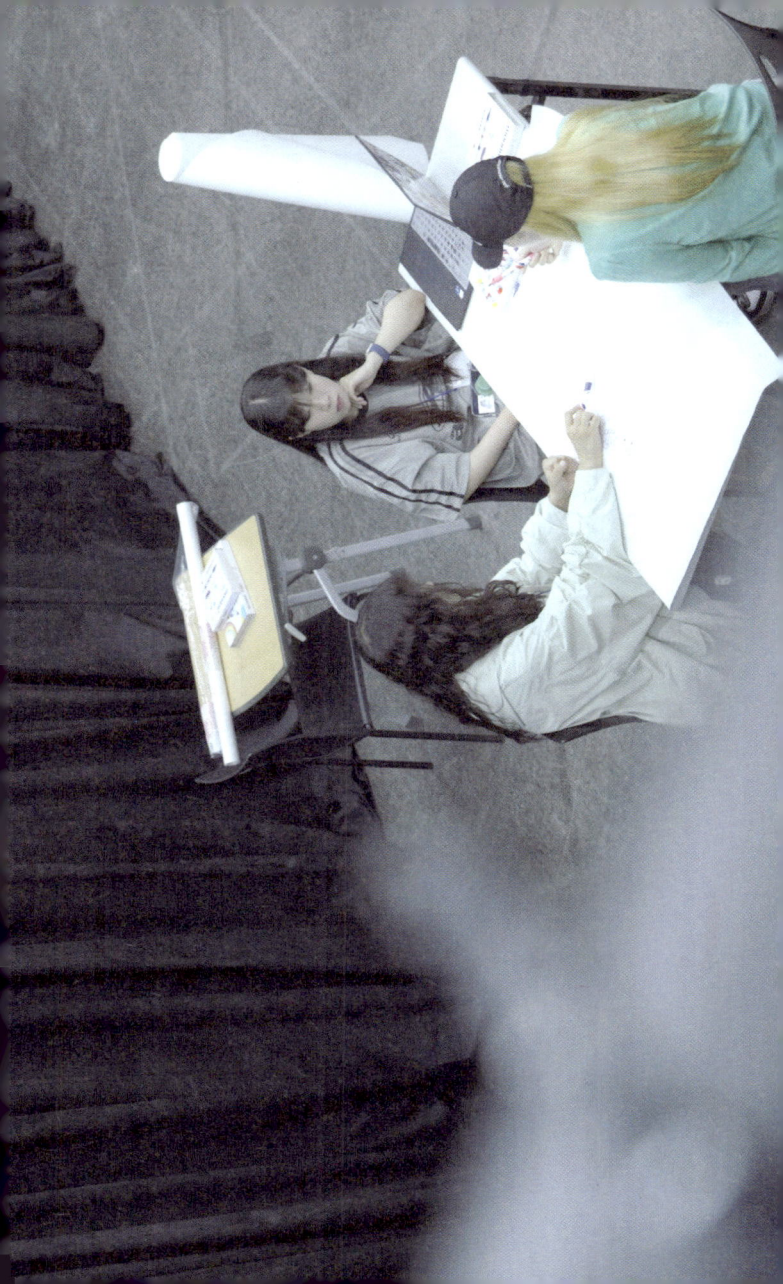

	Main activity 활동	Activities 활동 세부 내용	Location 장소	Materials needed 준비물
1° WEEK Research on subject				
Mon 1	Students' presentations 학생 작업 소개	Each student presents + Gather student skills and expectations 각자의 작업, 전문 분야를 소개하고 워크숍에서 기대하는 바 이야기하기	Studio	presentation file
Tue 2	Rebecca - work and workshop presentation 레베카 - 작업과 워크숍 소개	Discussion about loneliness, GB project, workshop research methods 외로움에 대한 토론, 광주비엔날레 프로젝트, 워크숍 방법	Studio	laptop
Wed 3	Sharing of R.'s research findings 레베카의 작업 결과물 소개	Sharing notes, footage, ideas taken so far + loneliness scales + drawing ws 8th April > Division in 3 groups > Starting work on finding a subject 지금까지의 연구 결과물 공유 + 외로움 척도 + 4월 8일 워크숍 결과물 > 3개 그룹으로 나누기 > 그룹별 주제 탐색	Studio	laptop / paper / pencils etc.
Thu 4 (AM)	Field trip 1 / Work on existing footage 현장학습 1 / 현장 탐색	Experimenting with narrative, languages and media in a site-specific way / work from existing footage 장소특정적 방식으로 이야기, 표현 언어 및 방식 실험하기 / 현장에서 작업하기	보광동 Bogwang-dong	Shooting equipment
Thu 4	Elaborating materials from Field Trips 현장학습 자료로 발전시키기	Sharing materials and field trip outcomes 현장학습의 자료와 결과물 공유하기	Studio	laptop / editing equipment
Fri 5	Finding a story/focus/subject 이야기/핵심 사항/주제 발굴하기	Groups work in the studio / sharing/ brainstorming 스튜디오에서 그룹활동 / 공유 / 자유논의	Studio	laptop / paper / pencils etc.

내가 알아내고 이미 작업하기 시작한 힌트에 관해 학생들에게 작업하도록 요청하는 것이었다 −3.

학생들은 3개 조로 나뉘었고, 각 그룹은 다음 중 하나를 선택할 수 있었다.
— 벚꽃이 매우 외로움을 느끼게 하는 광경이라고 언급한 한 학생의 메모를 보고 내가 찍은 벚꽃 영상에 관해 글 작성하기.
— 정소익 큐레이터가 내게 보여 줬던 서울의 반쯤 버려진 동네, 보광동에 가서 촬영하기.

이후 며칠 동안 한국의 외로움과 관련한 많은 이야기들이 조별로 수행한 조사 −4와 그들의 다양한 관점을 통해 드러났다. 그 결과는 학생들의 영상 작품으로 이후 광주 전시의 아카이브 부분에 통합됐다.

공동 연구에서 얻은 경험을 바탕으로, 워크숍에 참여한 두 학생과 함께 서울에서 광주까지 기차를 타고 가면서 영상을 촬영해 이탈리아관 작품을 만들었다. 영상에는 역사적, 현대적 관점에서 서울로 이주한다는 것과 여기에서 느끼는 감정에 관해 나눈 이야기를 담았다. 학생들이 직접 쓴 글도 포함했다. 또 한국 사회의 '우리'라는 개념과 '단일성/집단성'의 관계에 관해 학생들이 논의한 내용을 수집하여 벚꽃 현상과 연관시켰다. 이 영상은 전시의 주요 작품인 다중채널 영상 및 음향 설치물의 일부가 되었다.

72 EXHIBITION:

1. REBECCA'S NOTES FROM STUDENTS' PRESENTATIONS

JEON HYEONJI (playwriting) is interested in spaces. She mentioned:
— the goshiwon, a cheap accommodation for students that is around 8 to 14 m^2
— *Move to Heaven* (K-drama on Lonely Death);
She came from Gwangju so she feels young people dream of going to Seoul to study/live etc.

MITRA YAMOLLAEI (writing) came from Iran and she talked about longing and loss. She mentioned an Iranian professional who sings at funerals to make people cry: مداح Maddahi

ADRIÁN NASSAR CODINA (film direction) showed us the documentary he is making about his Palestinian origins, based on the story of his grandfather.

LEE GAAE (production) shot a lot of wedding footage and she introduced to the group how marriage is a big issue among Koreans.

JEONG SIYUL (production) has a friend who committed suicide because of loneliness; she thinks that loneliness is a symptom of social pressure.

JEON EUNSEO (film direction) works with sound and visual effects.

LEE YISEO (writing) creates poetry from sleepless nights.

SUN YOWON (film and theatre direction): She worked as a bartender and in a guesthouse to earn money to live in Seoul. She takes a journal with her. In one of the pages of the journal, she wrote about a man who came to the bar she was working in Itaewon and told her about his experience with Duo [듀오], a marriage agency that provides lawyers, doctors, etc., (paying good amounts of money) with suitable matches. Apparently, they also do matches between ghosts.

1. 학생 발표를 보며 기록한 레베카의 노트

전현지(극작가)는 공간에 관심이 있다. 그녀는 다음을 언급했다.
— 고시원은 8–14㎡ 정도 면적을 가진 학생을 위한 저렴한 숙박 시설이다.
— 《무브 투 헤븐: 나는 유품정리사입니다》(외로운 죽음을 다룬 한국 드라마)
그녀는 광주 출신이고, 청년들이 서울에서 공부하거나 사는 것을 꿈꾼다고 생각한다.

야몰라이 미트라(작가)는 이란 출신으로 그리움과 상실에 관해 이야기했다. 그녀는 장례식에서 사람들을 울리기 위해 노래를 부르는 이란 전문가를 언급했다. مداح Maddahi

아드리안 나사르 코디나(영화감독)는 할아버지의 이야기를 바탕으로 팔레스타인 기원에 관한 다큐멘터리를 제작 중이라고 했다.

이가애(제작)는 많은 결혼식 영상을 촬영했고, 결혼이 한국인들에게 큰 문제라고 소개했다.

정시울(제작)은 외로움 때문에 자살한 친구가 있다. 그녀는 외로움이 사회적 압박의 증상이라고 생각한다.

전은서(영화 연출)는 음향 및 시각 효과 작업을 한다.

이이서(작가)는 잠 못 이루는 밤을 소재로 시를 쓴다.

선요원(영화 및 연극 연출)은 서울에서 생활비를 벌기 위해 바와 게스트하우스에서 일했다. 그녀는 일기장을 가지고 다닌다. 거기엔 그녀가 이태원에서 일하던 술집에 찾아온 한 남자에 관한 이야기가 실려 있다. 그는 (적당한 돈을 내는) 변호사, 의사 등에게 적합한 결혼 상대를 중매하는 결혼정보회사 듀오에 대한 자신의 경험을 들려줬다. 그들은 영혼결혼식 중매도 한다고 한다.

74 EXHIBITION:

2. NOTES FROM STUDENTS' DIARIES

[…]My family and closest friends think I'm the kind of person who doesn't get lonely.

Listening Post Malone
https://www.youtube.com/watch?v=C9M4O2ZXFb8

Black Leaves in the Mouth by Gi Hyeong-do**
The taxi driver sticks his head out the dark window,
Shouting occasionally, each time causing birds to fly away.
This is a field and twilight I pass for the first time,
And I think of someone I've never met…

These days, I can't shake off the feeling that I'm always barely holding onto my toes, not belonging to any group. I left Gwangju, where I lived for 24 years, came to Ansan, and I have been living here for a year without anyone I know. I don't know how to ride a subway alone without the Naver Maps app. Originally, I didn't use a lot of dialect, but the way I thought I had almost fixed it still pops out in an awkward accent once I get excited. It's the same Korean language, but I'm still a stranger here, speaking differently from those who have used the Seoul standard language all their lives. Sometimes when I go to my parents' house, my family and friends who I haven't met in a long time say that I've changed something and that I'm not from Gwangju. […]

[…] Kim Hye-soo, the main character in the drama "God of Work," is treated differently from regular workers because she is a non-regular worker. Even in Korean society, people continue to divide their boundaries with people based on money, rank, place of living, age, etc. I think this is how I feel lonely comes from the comparison between what I have and what others have, but I felt that the classification of "we" in this society can also create loneliness.

2. 학생들의 일지에서 발췌한 내용

[...] 저의 가족과 가까운 친구들은 제가 외로움을 잘 느끼지 않는 사람이라고 생각해요.

<u>포스트 말론 듣기</u>
https://www.youtube.com/watch?v=C9M4O2ZXFb8

시인 기형도의 "입 속의 검은 잎"**
택시 운전자는 어두운 창밖으로 고개를 내밀어
이따금 고함을 친다, 그때마다 새들이 날아간다
이곳은 처음 지나는 벌판과 황혼,
나는 한 번도 만난 적 없는 그를 생각한다…

요즘은 항상 간신히 발끝을 잡고 있는 기분, 어느 집단에도 속하지 않는 기분을 떨쳐 낼 수가 없어요. 24년 살던 광주를 떠나 안산으로 와서 아는 사람 없이 1년째 살고 있어요. 네이버 지도 앱 없이는 지하철을 혼자 타는 법도 모르겠어요. 원래 사투리를 많이 쓰지 않았지만 거의 고쳤다고 생각했던 방식이 흥분하면 어색한 악센트로 튀어나와요. 같은 한국어지만 여기서는 여전히 낯선 사람이에요. 평생 서울 표준어를 써 온 사람들과는 다르게 말해요. 가끔 부모님 집에 가면 오랜만에 만난 가족과 친구들이 내가 뭔가 바뀌었다고, 내가 광주 출신이 아니라고 말해요.
[...]

[...] 드라마 《직장의 신》의 주인공 김혜수는 비정규직이라는 이유로 정규직과는 다른 대우를 받는다. 한국 사회에서도 돈, 계급, 거주지, 나이 등으로 사람과의 경계를 나누는 일이 계속되고 있다. 내가 가진 것과 다른 사람이 가진 것을 비교하는 데서 외로움을 느끼는 것 같지만, 이 사회에서 '우리'라는 구분이 외로움을 만들어 낼 수도 있다고 느꼈다.

Nanjari [난자리]
Korean expression to mean a previously occupied place/place that is now empty.
Its contrary: Dnjari [든자리]

Fragments from a marriage recording
Bride's parent: The disappointment and emptiness of seeing all the children grow up and truly find their own families and become independent.
Bride: Independence, or loneliness of one's situation (in the case of an international marriage, if the family is unable to attend the wedding)
Family's friend: Disappointment and regret as to the marriage of one's closest friend.

난 자리
이전에 점유되었던 장소/이제 비어 있는
장소를 의미하는 한국어 표현.
그 반대: 든 자리

결혼 기록의 단편
신부 부모: 아이들이 자라서 진정으로 자신의
　　　　　가족을 찾고 독립하는 것을 보는 실망과
　　　　　공허함.
신부: 독립, 또는 자신의 상황에 대한 외로움
　　　(국제결혼의 경우 가족이 결혼식에
　　　참석할 수 없는 경우).
가족의 친구: 가장 가까운 친구가 결혼하면서
　　　　　　느끼는 실망과 후회.

78 EXHIBITION:

3.
We feel lonely when the weather is nice
when the cherry trees are blooming
when we work harder than others
when we have no money
when people have different ideas from ours
when we reflect upon ourselves
now that our closest friends have married.
I guess one could say that we feel as if we have gone away.
(Excerpt from Rebecca Mocccia, *Ministries of Loneliness*,
multichannel video installation, 2023-2024)

GROUP 3'S DIARY WORKING ON CHERRY BLOSSOM FOOTAGE

After finishing each presentation and collective discussion, we were divided into three groups. Amazingly, all three of our team members were from Gwangju, the city where the exhibition will be held. This was a welcome development. We talked about the research base with a sense of belonging added to it.

Following the workshop, a total of two options were given: to use the cherry blossom video source provided by Rebecca or to go to Bokwang-dong for shooting. The other two teams chose Bokwang-dong, so we selected the cherry blossom footage without difficulty. We wrote down words that came up randomly on a large, white piece of paper:

> "Unlike other flowers, cherry blossoms are perceived as a group on a branch. It is the group rather than the flower that is remembered and looked at. As a result, the falling cherry blossom leaves resemble individuals.
>
> It's like an individual stepping out of a group. We interpreted the single cherry blossom that has

3.
우리는 외로움을 느낀다
날씨가 좋을 때
벚꽃이 필 때
남들보다 더 열심히 일할 때
돈이 없을 때
사람들이 우리와 다른 생각을 할 때
자신을 돌아볼 때
가장 친한 친구들이 결혼했을 때
우리는 마치 떠난 것 같은 기분이 든다고 할 수 있을 것 같다

(레베카 모치아, 《외로움의 지형학》,
다중채널 영상, 2023-2024에서 발췌)

3조의 벚꽃 촬영 일기

각자의 발표와 집단 토론을 마친 후, 우리는 세 조로 나뉘었다.
조원 세 명 모두 전시가 열리는 광주 출신이라는 점이 반가웠다.
소속감을 느끼면서 어떻게 연구를 구성할지 논의했다.

워크숍을 마치고 총 두 가지의 선택지가 주어졌다. 레베카가
제공한 벚꽃 영상 소스를 사용하거나 보광동에 가서 촬영하는
것이었다. 나머지 두 조는 보광동으로 가고자 했기 때문에 우리는
어려움 없이 벚꽃을 선택했다. 우리는 크고 흰 종이 위에 떠오른
단어를 무작위로 적었다.

> "벚꽃은 다른 꽃과 달리 한 가지에 모여 있는 군집으로
> 인식된다. 기억하고 바라보는 것은 꽃이 아니라 군집이다.
> 결과적으로 떨어지는 벚꽃잎은 개개인의 모습을 닮았다.
> 마치 무리에서 빠져나오는 개인과 같다.
>
> 우리는 군집으로부터 떨어진 벚꽃잎, 즉 벚꽃 한 송이가
> 무리로부터 떨어진 개인과 같다고 해석했고, 그래서
> 사람들은 그것을 볼 때 종종 외로움을 느끼리라 생각했다.

been separated from its bunch—that is, the cherry blossom—in the same way as an individual that has stepped out of a group, and that's why we thought that people often feel lonely when they look at it.

As if the shape of the blossom isn't ruined just because you're not in it.

As if the society exists and will last forever, even if you disappear. [...]"

we feel lonely wh

마치 당신이 그 안에 없다고 해서 꽃송이의 모양이 망가지지 않는 것과 다름없다.

마치 사회가 존재하고 영원히 지속되는 것처럼, 당신이 사라져도. […]"

84 EXHIBITION:

4. IDEAS OF PLACES, PEOPLE, AND SITUATIONS THAT SPEAK AND REFLECT THE LONELINESS OF KOREANS

ALTERNATIVE EDUCATION. A student who attended an alternative school, proposed a reflection on alienation that comes from being outside the stable, conventional education system, whether by choice or circumstance, and from the lack of recognition of diverse educational methods. Suggested school for shooting: Kkumtle School | Location: https://naver.me/5oQymr7k

BOGWANG-DONG [보광동] is a district in the heart of Seoul where time has stood still. The development of the surrounding areas made it one of the most underdeveloped neighborhoods in Seoul, and now the city council, in order to start a renovation project that will transform it into a developed and rich neighborhood, has started to empty the whole area. Most of the people who remain in their homes despite the city's order are low-income elderly people who are now trying to take care of what's left of the area. These people carry stories that reflect the modern history of Korea, and they, along with their neighborhood, will soon disappear.

4. 한국인의 외로움을 말하고 반영하는 장소, 인물, 상황에 대한 생각들

대안 교육. 대안학교에 다녔던 한 학생은 자의든 타의든 안정된 기존 교육 체계에서 벗어나는 다양한 교육 방식에 대한 인식 부족에서 오는 소외감을 성찰하자고 제안했다.
촬영을 위한 추천 학교: 꿈틀학교(위치: https://naver.me/5oQymr7k)

보광동은 서울 중심부에 있는 시간이 멈춰 버린 지역이다. 주변 지역 개발로 인해 서울에서 낙후된 동네 중 하나가 되었고, 지금은 시의회가 이곳을 개발하기 위한 정비 사업을 추진, 전체 지역을 비우고 있다. 행정명령에도 불구하고 집에 남아 있는 사람들은 대부분 저소득층 노인으로, 이들은 이제 남은 지역을 지키기 위해 노력하고 있다. 이들은 한국의 현대사를 반영하는 이야기를 간직하고 있으며, 동네와 함께 곧 사라질 것이다.

This is the main street in this neighborhood.

86 EXHIBITION:

MARRIAGE COMPANY DUO [듀오] is a company that matches people who want to get married. It is based on men in their 30s and has a success rate of three to four percent. The company assigns grades to users according to tables that give scores based on height, age, income, divorced parents, etc. The average cost of a match is $360, even for the cheapest grade. They also organize a meeting package including five meetings at a basic cost of $2904 (about $2177 for professionals).

<u>Preliminary interview made by one of the students with a male user</u>

I met 20-30 people in total. I think it was certainly more sincere than other meetings or dating apps. I didn't have to worry about whether this woman was thinking of getting married.

The managers in charge first had a look at each candidate's needs and ratings, so the values of each marriage candidate were matched before arranging a date.

They also have a specialized photo editing team. For example, if you have a non-smiling photo, it will be manipulated by AI to create a smiling photo; also, my height was changed from 173cm to 177cm in my profile.

Actually, I couldn't even look at my profile, they take care of everything.

결혼정보회사 듀오는 결혼을 원하는 사람들을 연결해 주는 회사다. 주로 30대 남성을 대상으로 하며 성공률은 3-4%이다. 이 회사는 키, 나이, 소득, 이혼한 부모 등을 기준으로 점수를 매기는 표에 따라 사용자에게 등급을 매긴다. 가장 저렴한 등급을 만나는 데에도 평균 360달러의 비용이 든다. 5회의 만남이 포함된 만남 패키지의 기본 비용은 2,904달러(전문가의 경우 약 2,177달러)이다.

<u>학생 중 한 명이 남성 회원과 사전 인터뷰를 진행했다</u>

> 저는 총 20-30명을 만났습니다. 다른 미팅이나 데이트 앱보다 확실히 더 진솔했다고 생각해요. 이 여성이 결혼을 생각하고 있는지 걱정할 필요가 없었습니다.
>
> 담당 매니저가 서로의 니즈나 평가를 먼저 살펴보기 때문에 데이트하기 전에도 결혼에 대한 가치가 비슷합니다.
>
> 또한 전문적인 사진 편집팀이 있습니다. 예를 들어 웃지 않는 사진이 있으면 AI가 조작하여 웃는 사진을 만듭니다. 또한 프로필에서 제 키가 173㎝에서 177㎝로 변경되었습니다.
>
> 사실 프로필을 볼 수도 없었습니다. 그들이 모든 것을 처리해 주었습니다.

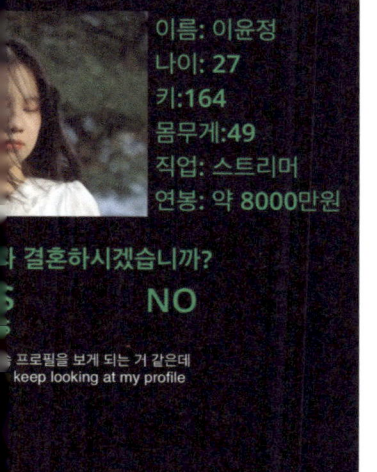

THE LONELINESS OF FOREIGNERS INSIDE KOREA.
A discussion about isolation, race, and immigration between the two international students (Mitra/Adrian) and the rest of the class.

RURAL EXODUS/ICHONHYANGDO. Around the 1960s, Korea experienced a large-scale demographic movement called "Ichonhyangdo." People moved from rural villages to industrialised cities to find work, and this movement of bodies continues to this day. The group that came up with the idea was formed by three girls from Gwangju who, over the past few days, described the feeling of leaving home to move to Seoul to work and study; they described it as voluntary isolation in pursuit of their dreams.
Then they told us about human rights activist and educator Bang Jung-hwan, who set Aesop's fable "The Town Mouse and the Country Mouse" in Seoul, creating a fairy tale called "Seoul's View of Rural Rats."

INCHEON INTERNATIONAL AIRPORT. It seems that during heat waves many elderly people go to the airport to take advantage of the air conditioning and set up an actual campsite to spend time there watching planes and eating food brought from home.

PROJECT.02

RURAL EXODUS (이촌향도)

RURAL EXODUS (이촌향도)
: The phenomenon of large numbers of people leaving rural areas and moving to cities to get a job in other industries
=> a country mouse

Students who don't go back to their hometowns during the vacation, but work hard to practice to increase their competitiveness
-> People who choose to isolate for their dreams

한국 내 외국인의 외로움. 두 명의 국제학생(미트라/아드리안)과 나머지 학생 간 고립, 인종, 이주에 관한 토론.

농촌 이탈/이촌향도. 1960년대 무렵 한국은 '이촌향도'라는 대규모 인구 이동을 경험했다. 사람들은 일자리를 찾기 위해 농촌에서 산업화한 도시로 이주했고, 이러한 이동은 오늘날까지 계속되고 있다. 광주 출신의 소녀 세 명이 결성한 조가 이 아이디어를 내놓았다. 지난 며칠 동안 그들은 집을 떠나 서울로 이사하여 일하고 공부하는 느낌을 이야기했다. 꿈을 좇아 자발적으로 고립되는 것이라고 설명했다.
그런 다음 그들은 인권운동가이자 교육자인 방정환에 관해 이야기했다. 방정환은 이솝 우화 '시골 쥐와 도시 쥐'를 서울을 배경으로 하는 동화 '시골 쥐와 서울 쥐'로 만들었다.

인천국제공항. 불볕더위 기간에는 많은 노인들이 공항에 가서 에어컨을 이용한다. 실제 캠핑장에서처럼 비행기를 구경하고 집에서 가져온 음식을 먹으며 시간을 보내는 것으로 보인다.

DONUI-DONG, JONGNO [종로 돈의동 쪽방촌]. Exit 3 of Jongno 3-ga station divides Donui-dong and Ikseon-dong, and the landscape of Seoul is split along this line. Ikseon-dong, full of joyful lights and noise, and Donui-dong, full of dim street lights and silence. This sharply contrasting view, with a street in between, is the space that best shows both sides of Seoul Metropolitan Policy, and it is also the point Group 3 was most interested in. The small space in Donui-dong, known as the "slum in the center of the city," is the ultimate form of housing chosen by those on the margins of society (living spaces of around 2 square meters). The neighborhood is also known for its LGBTQ+ community.

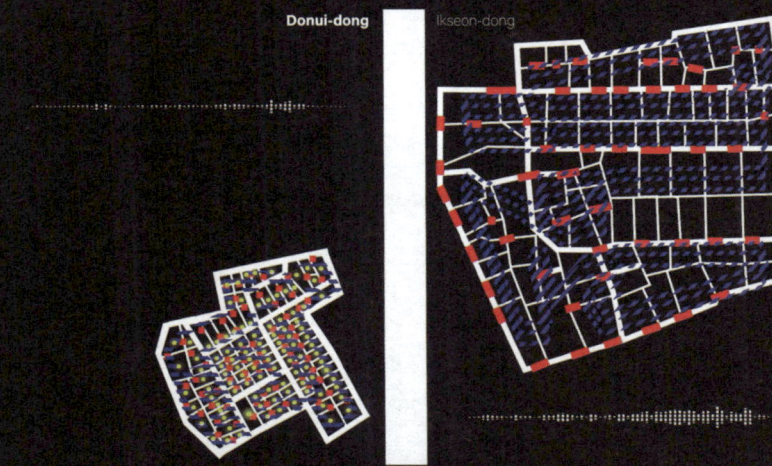

종로 돈의동 쪽방촌. 종로3가역 3번 출구는 돈의동과 익선동을 나누고, 이 선을 따라 서울의 풍경이 나뉜다. 화려한 불빛과 소음으로 가득한 익선동과 희미한 가로등 불빛과 적막함이 가득한 돈의동. 도로를 사이에 두고 극명하게 대비되는 이 풍경은 서울시 정책의 양면성을 가장 잘 보여 주는 공간이자, 3조가 가장 관심을 가졌던 지점이기도 하다. '도심 속 빈민가'로 불리는 돈의동의 작은 공간은 사회에서 소외된 사람들이 선택한 주거 형태(2평 내외의 주거 공간)이다. 이 동네는 성소수자 커뮤니티로도 알려져 있다.

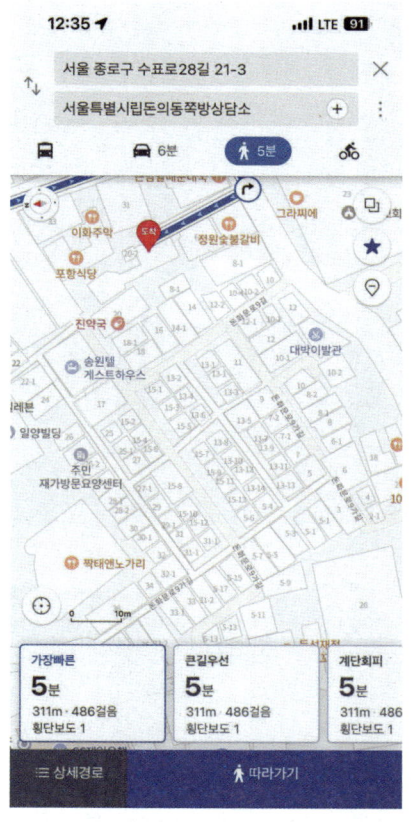

EXHIBITION:

THE INSTALLATION

Ministries of Loneliness, the Italian Pavilion at the 15th Gwangju Biennale hosted by the Donggok Museum from 7 September 2024 until 31 January 2025, presented a body of work that narrates my physical and research journey through loneliness and its Ministries undertaken across Italy, the UK, the USA, Japan and South Korea. It focused in particular on the materiality of loneliness: from the words we use to describe this emotional state, to the architecture and sound of the solitary spaces we inhabit;

전시

2024년 9월 7일부터 2025년 1월 31일까지 동곡뮤지엄에서 열린 제15회 광주비엔날레 이탈리아관 전시《외로움의 지형학》은 외로움과 그 주변의 사회 구조에 관해 내가 이탈리아, 영국, 미국, 일본, 한국에서 머물며 직접 수행한 연구의 여정을 담은 작품이다. 나는 외로움의 물질성에 초점을 맞춰 서술했다. 외로움의 감정 상태를 설명하는 데 사용하는 단어에서부터 우리가 사는 고립된 공간의 건축과 소리에 이르기까지, 또 외로움을 형성하는 신체와 사회 구조 간 관계에서부터 이 감정을

from the relationship between bodies and the political and social structures that shape loneliness to the connections with the economic-productive system in which this emotion has historically developed.

The main exhibition space, aimed to communicate with the visitors as a complex transmedial experience through video, sound, photographs, and ceramics. It was open and rhythmically punctuated by aluminum tubular structures that extended from the floor to the ceiling, shaping the exhibition path and anchoring the following works on display:

A 7-channel non-fiction film (*Ministries of Loneliness*, 2023-2024), which juxtaposes different materials collected during the research, from parliamentary archives to scientific and narrative literature, from direct and indirect experiences and testimonies on loneliness, divided into seven stories/scenes scattered throughout the exhibition space. The stories were projected onto Plexiglas panels, allowing them to be viewed from both sides. A reflective surface created on one of the walls of the room emphasized this reflection and distortion.

A series of thermal portraits (*Cold As You Are*. Series, variable dimensions, 2022-2024) printed on cotton paper and mounted on aluminum providing an emotional

역사적으로 발전시켜 온 경제-생산 체계까지 다뤘다.

주 전시 공간에서는 영상, 음향, 사진, 도자기를 통해 관람객에게 매체를 넘나드는 경험을 전달하고자 했다. 바닥에서 천장까지 뻗어 있는 알루미늄 구조물로 공간을 개방적이고 리듬감 있게 구분하여 전시 동선을 형성하고 이에 따라 작품을 배치했다.

연구 동안 수집한 다양한 자료를 7채널 논픽션 영상(Ministries of Loneliness, 2023-2024)으로 구성하여 병렬 배치했다. 영국 의회 기록보관소에서부터 과학과 문학, 외로움에 대한 직접적·간접적 경험 및 증언에 이르는 7개의 이야기/장면을 전시 공간 전체에 흩어 놓았다. 이들은 아크릴 패널에 투사되어 앞뒤 양쪽에서 볼 수 있었다. 공간 한쪽 벽에 설치한 반사면이 투사된 영상을 더 반사하고 왜곡했다.

먼지에 출력하여 알루미늄 틀에 장착한 일련의 열화상 이미지(Cold As You Are. 시리즈, 가변 치수, 2022-2024)는 연구 과정에서 마주친 장소, 신체, 상황에 관한 감성적 보고서다. 만연하고 보이지 않는 신자유주의 인프라와 내밀한 통치 형태로 주관성을 작동시키는 시각 및 통제 체계를 성찰하는 방법을 제시했다. 벚꽃, 컬러렌즈 가게 창문, 직업 돌보미의 손, 런던에서 열린 시위, 자살 명소로 알려진 일본 절벽의 이미지가 포함됐다.

130개의 도자기 작품(Loneliness Scales, 2023-2024)은 캘리포니아대학교에서 1978년에 개발한 외로움 척도를 구체화하고 기념비화한 작품이다. 이 척도는 피험자의 외로움 수준을 평가하기 위해 개발되어 오늘날에도 정부에서 사용하는 것으로, 연구 동안 여러 커뮤니티와 다양한 맥락에서 진행한 공개

reportage of places, bodies, and situations encountered during the research and a way to reflect on the pervasive and invisible neoliberal infrastructure and related systems of vision and control that operate on subjectivities with forms of intimate governance. They included images of a cherry blossom, a lens shop window, the hands of a professional cuddler, a protest joined in London, and a Japanese bay known as a suicide spot.

130 ceramic works (*Loneliness Scales*, 2023- 2024) that materialized and monumentalized the Loneliness Scale, a scale developed by the University of California in 1978 to assess the level of loneliness of a given subject and which is still used by governments today. This tool has been used for critical reflection in public workshops I held with different communities and in different contexts during the research, and the documents collected were then transposed onto ceramic using the decal technique.

Leaving the main exhibition space, visitors accessed a corridor space, which presented an archive exhibition of the research process that introduced the research-based nature of the project. It comprised a series of materials collected while exploring loneliness, organized as a research-board wall and complemented by a journey diary. Among these, the materials gathered during research workshops and especially with students from the Seoul Institute of the Arts were of pivotal relevance.

The entire exhibition was accompanied by an original multi-channel soundscape created by composer Renato Grieco.

워크숍에서 비판적 성찰을 끌어내고자 사용됐다. 수집된 문서는 데칼 기법을 사용하여 도자기에 옮겨졌다.

주 전시 공간을 지나 접근하게 되는 복도 공간에는 연구 과정을 보여 주는 아카이브 전시가 이어져 프로젝트의 연구 기반 특성을 보여 준다. 외로움을 탐구하며 수집한 일련의 자료들을 연구 벽으로 정리하고 연구 여정을 담은 일지로 보완하여 구성했다. 아카이브 전시의 핵심 부분은 연구 워크숍 자료, 특히 서울예술대학교 학생들과 함께 수집한 자료다.

전체 전시에 작곡가 레나토 그리에코가 만든 독창적인 다중채널 음향 작업이 펼쳐졌다.

100 EXHIBITION:

1a - 1g
Ministries of Loneliness, 2023-2024
7 channel video installation. Overall dimensions and duration variable

2
Loneliness Scales, 2023-2024
Decal and graphite on ceramic. Overall dimensions variable

3 - 8
Cold As You Are. Series, 2022-2024
Thermal images printed on cotton paper and mounted on AL composite panels

9
Renato Grieco, multichannel audio installation, 18 min, 2023

10
Archive exhibition
Research-board wall

THE 15TH GWANGJU BIENNALE ITALIAN PAVILION 101

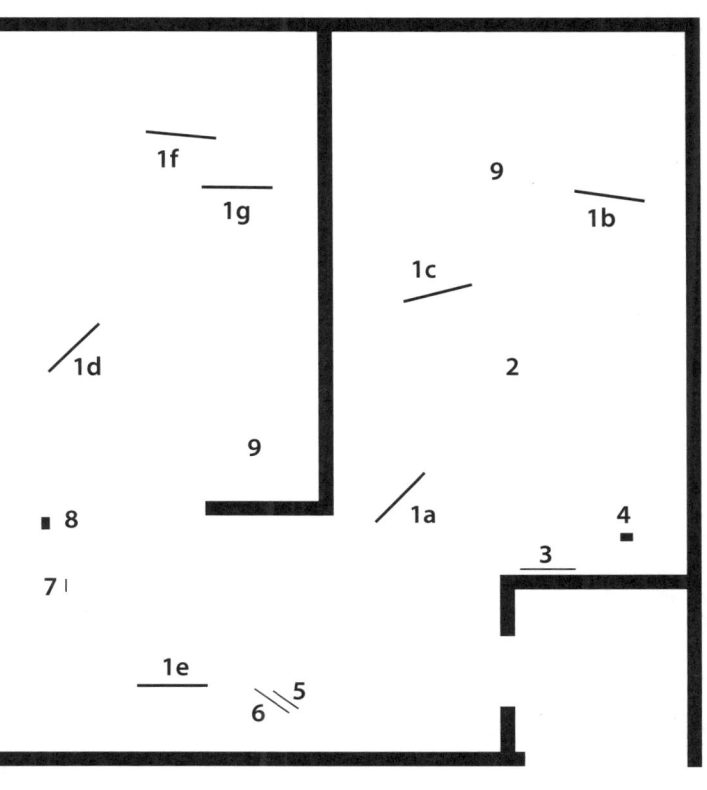

102 EXHIBITION:

104 EXHIBITION:

THE 15TH GWANGJU BIENNALE ITALIAN PAVILION 105

106 EXHIBITION:

108 EXHIBITION:

"불평이 없는" 상태가 되기 위해 얼마나 발전했는지를

THE 15TH GWANGJU BIENNALE ITALIAN PAVILION 109

THE 15TH GWANGJU BIENNALE ITALIAN PAVILION

sitting in the living room, family and friends eat fruit and talk about the memories they've accumulated without us

I guess one could say that we feel as if we have gone away

114 EXHIBITION:

116 EXHIBITION:

118 EXHIBITION:

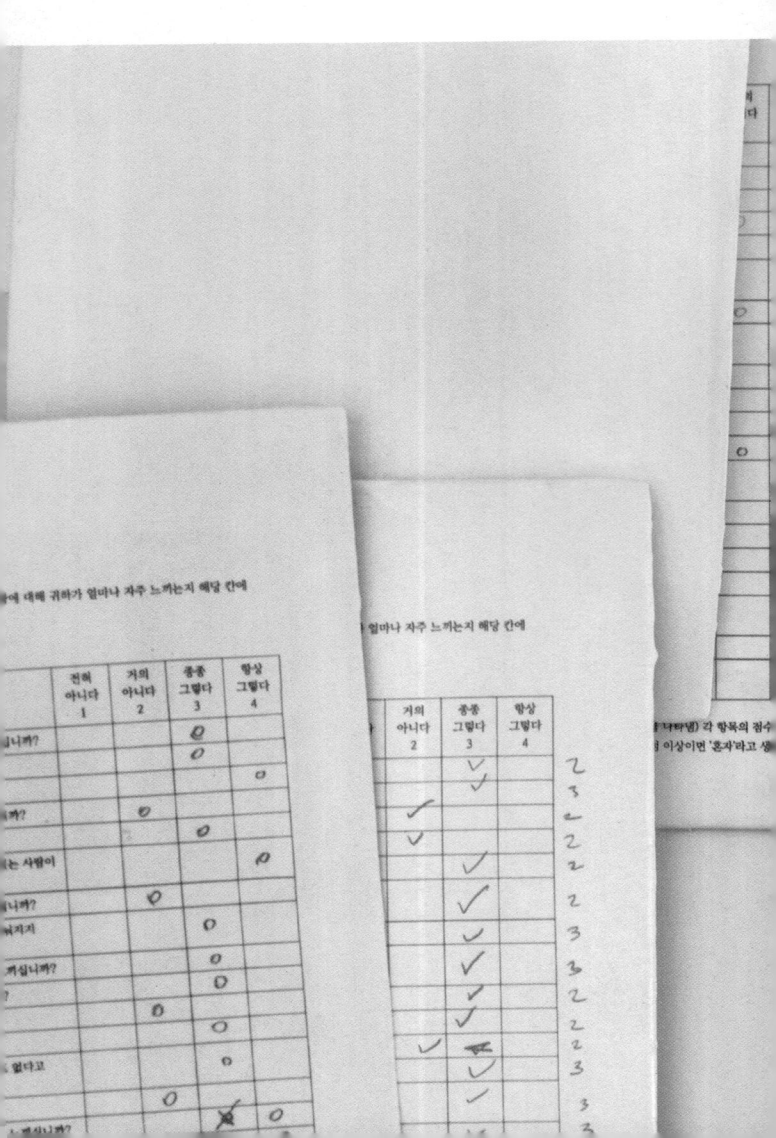

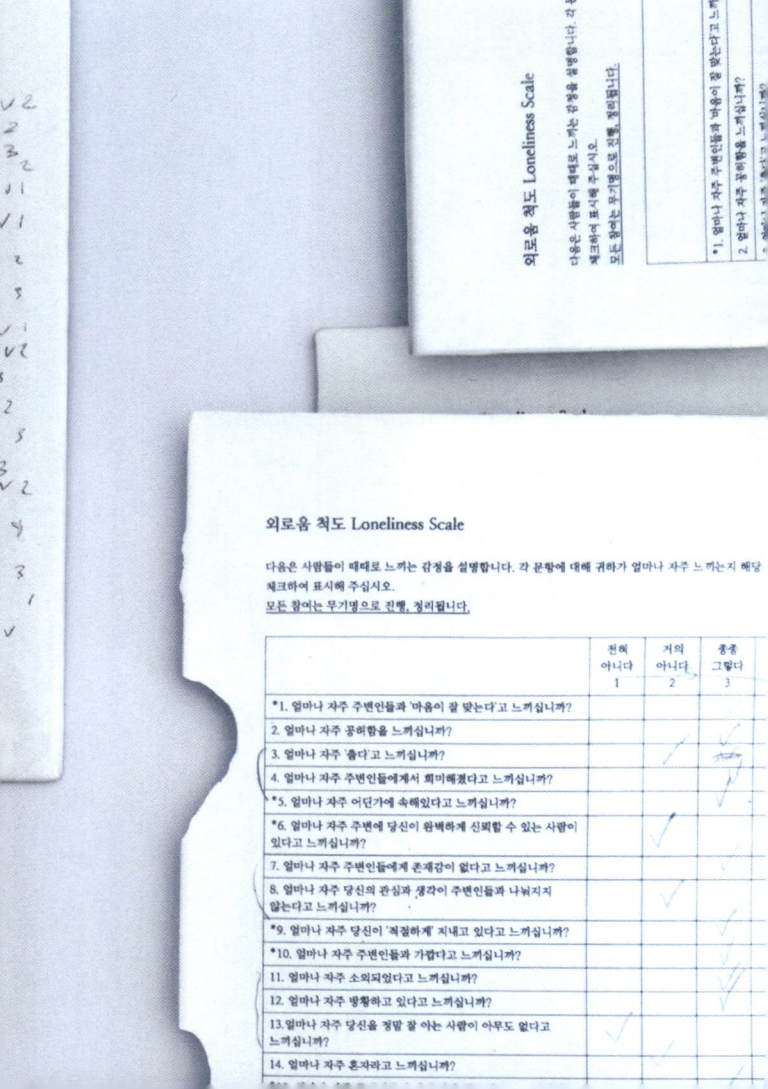

120 EXHIBITION:

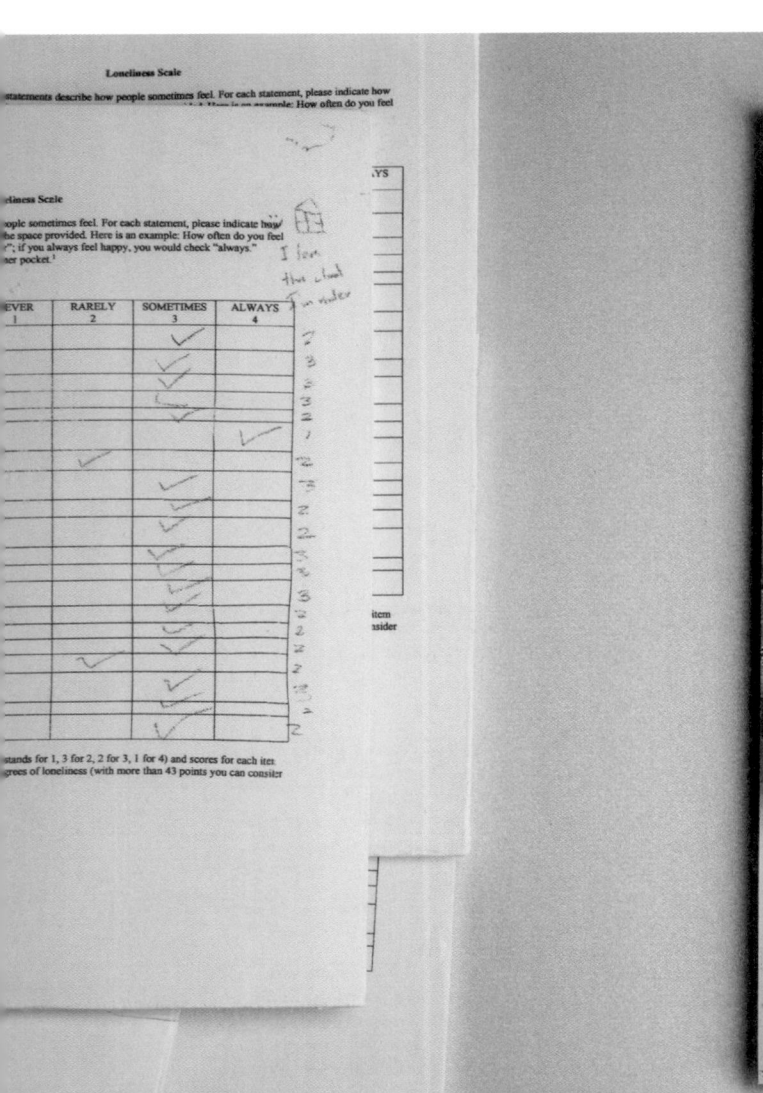

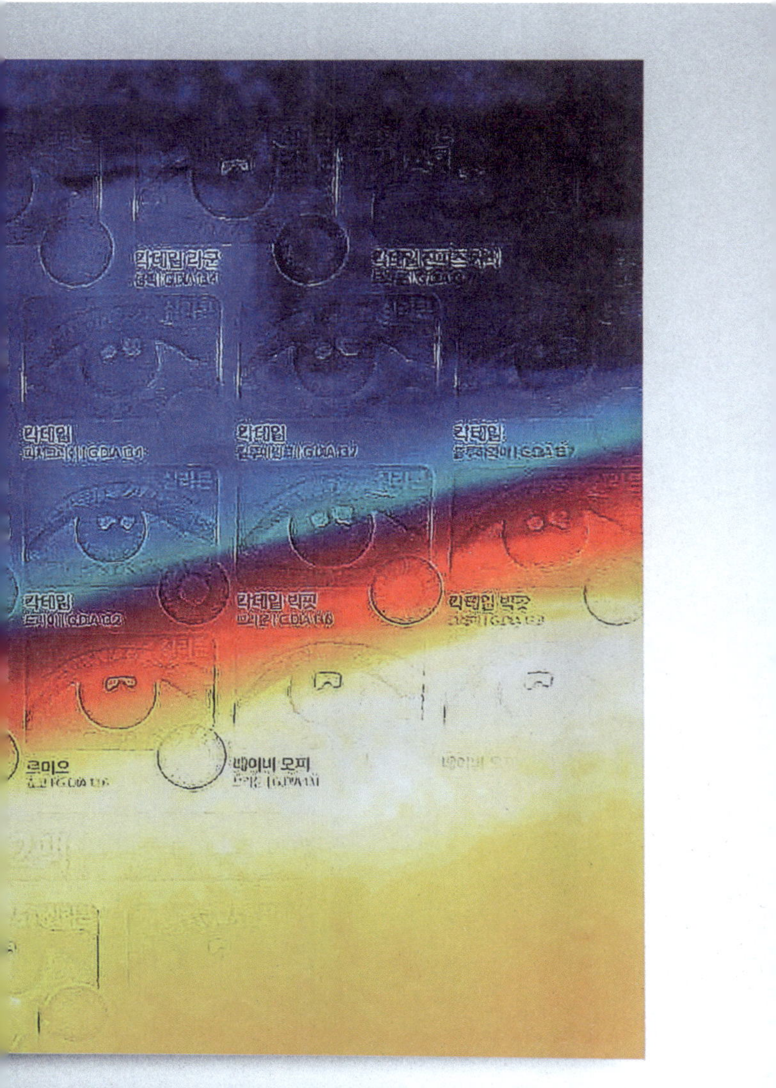

124 EXHIBITION:

THE 15TH GWANGJU BIENNALE ITALIAN PAVILION

126 EXHIBITION:

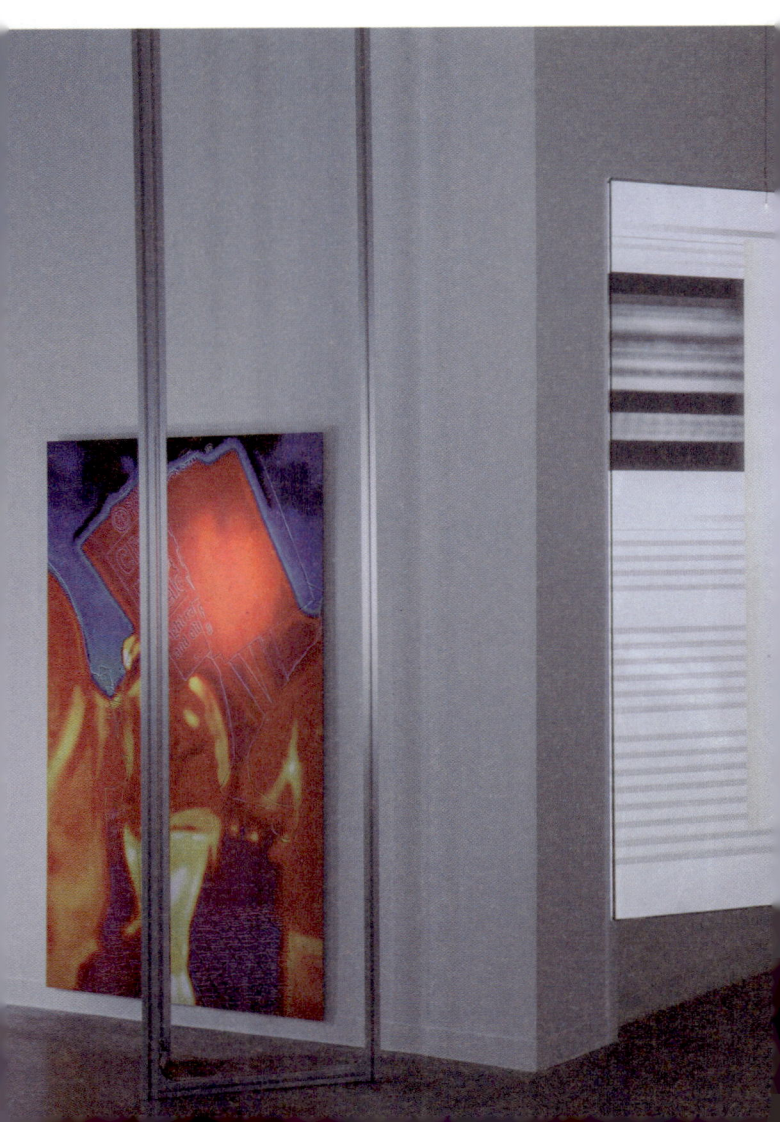

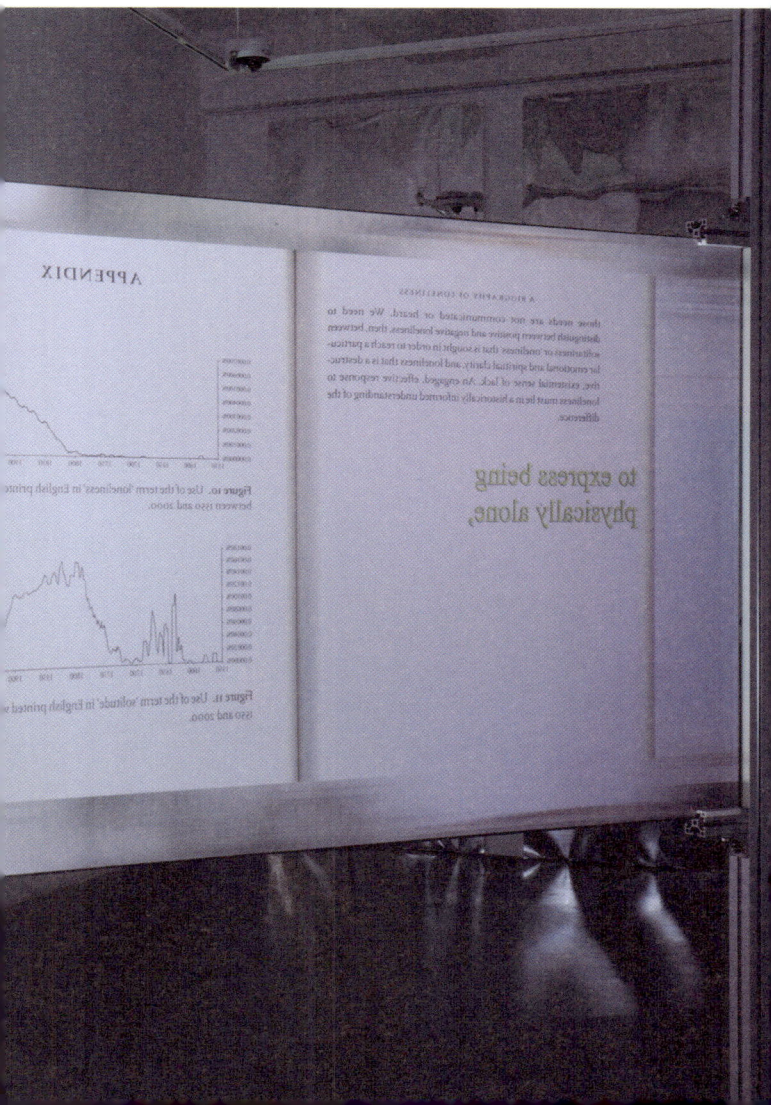

128 EXHIBITION:

A BIOGRAPHY OF LONELINESS

those needs are not communicated or heard. We need to distinguish between positive and negative loneliness, then, between solitariness or 'oneliness' that is sought in order to reach a particular emotional and spiritual clarity, and loneliness that is a destructive, existential sense of lack. An engaged, effective response to loneliness must lie in a historically informed understanding of the difference.

APPENDIX

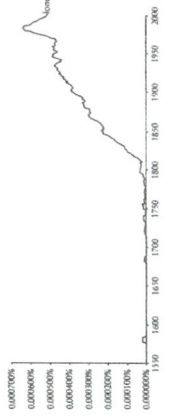

Figure 10. Use of the term 'loneliness' in English printed works between 1550 and 2000.

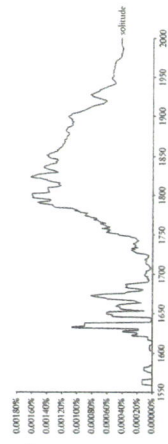

Figure 11. Use of the term 'solitude' in English printed works between 1550 and 2000.

130 EXHIBITION:

THE 15TH GWANGJU BIENNALE ITALIAN PAVILION   131

132 EXHIBITION:

THE 15TH GWANGJU BIENNALE ITALIAN PAVILION 133

EXHIBITION:

Although I have a university degree, I have already changed jobs five times.

EXHIBITION:

138 EXHIBITION:

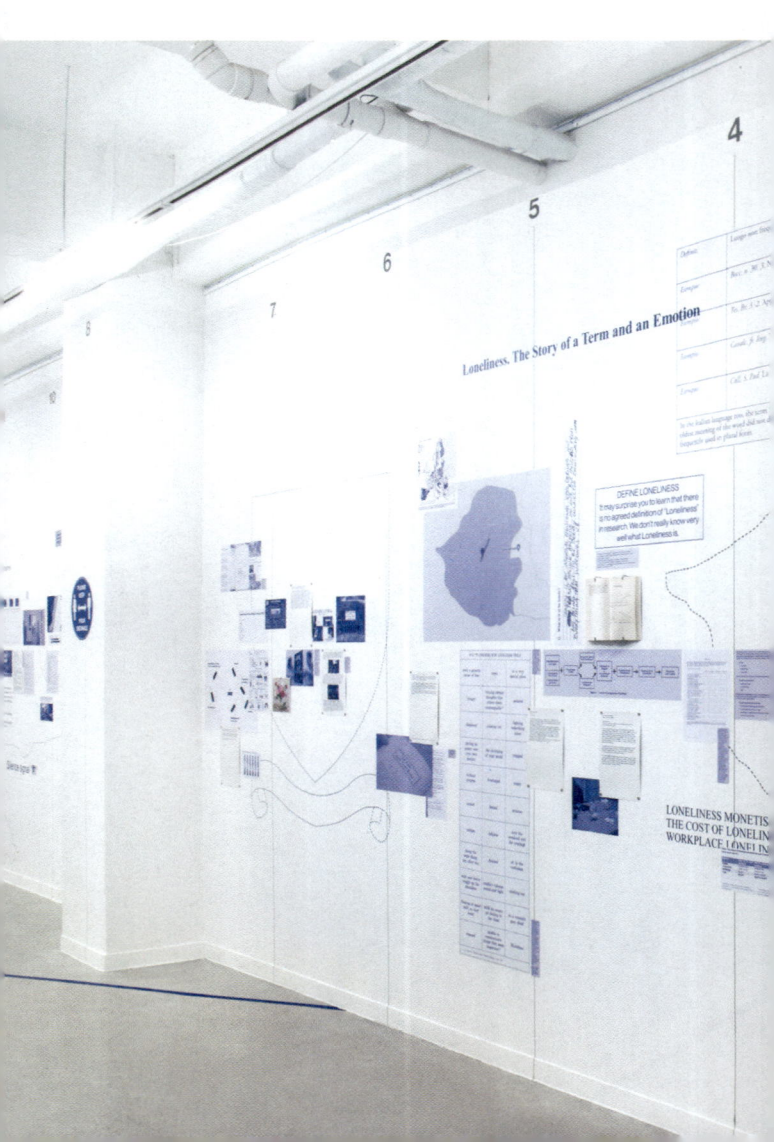

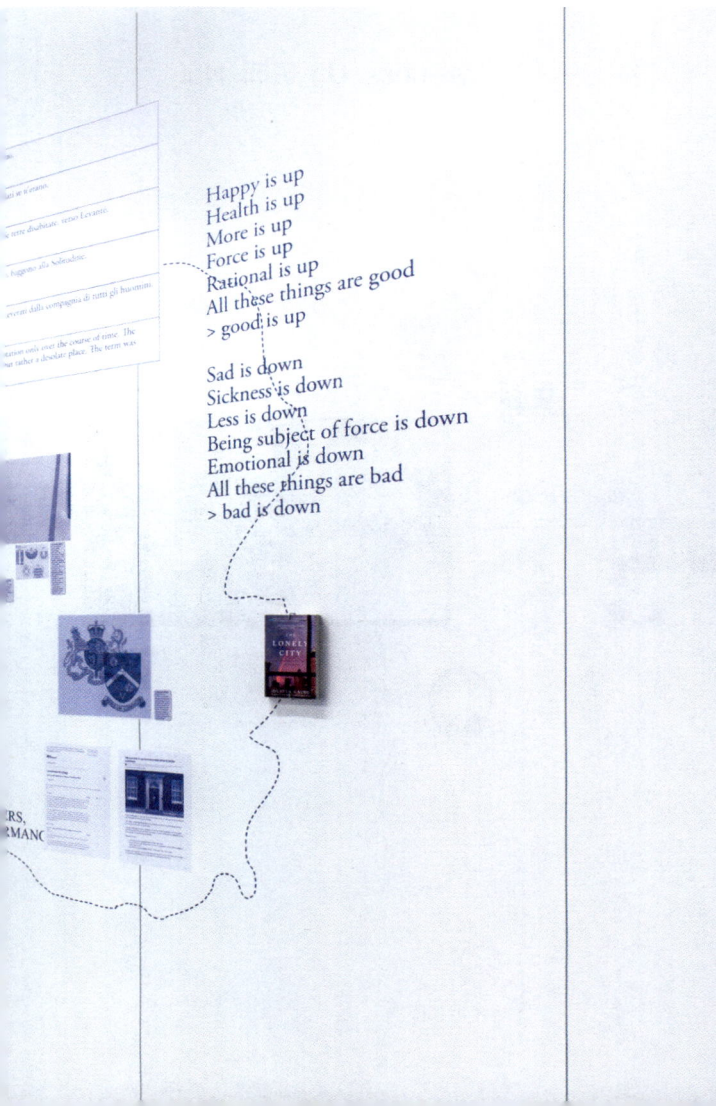

We-ness, Uri 우리, Noi

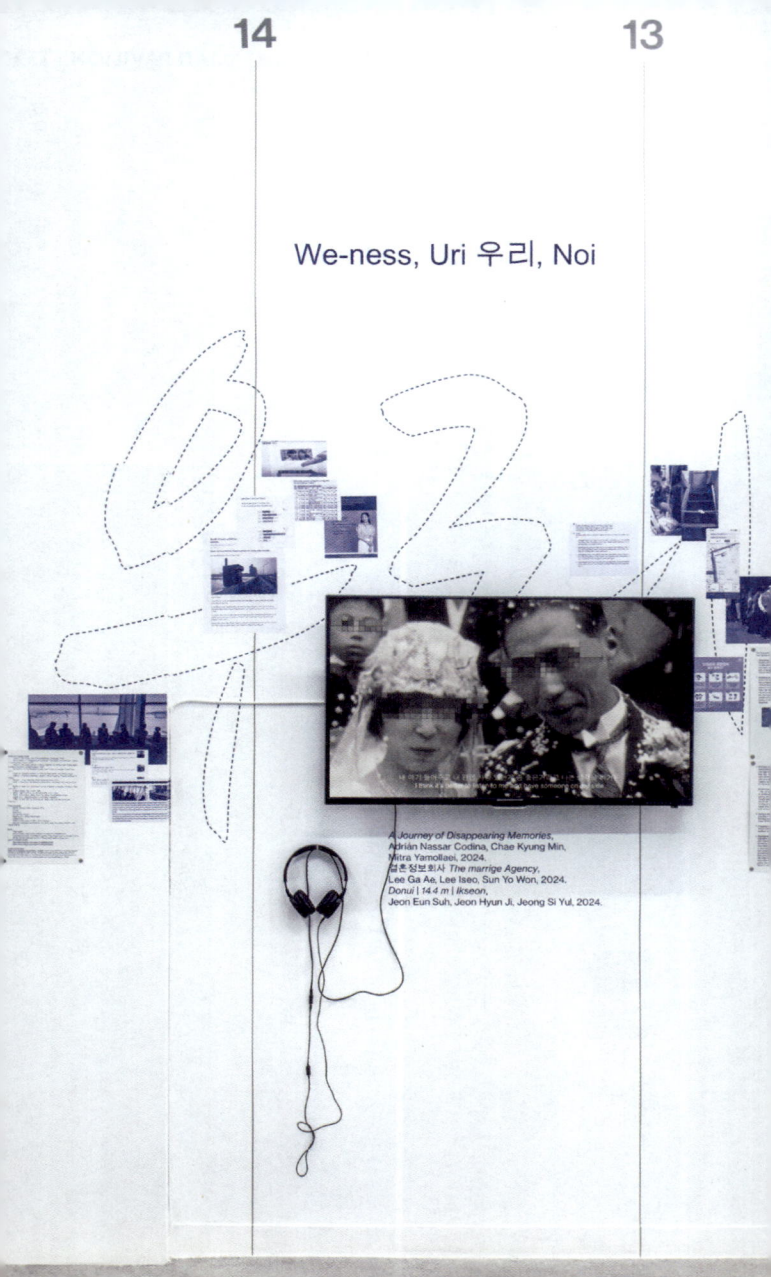

A Journey of Disappearing Memories,
Adrián Nassar Codina, Chae Kyung Min,
Mitra Yamollaei, 2024.
결혼정보회사 *The marrige Agency*,
Lee Ga Ae, Lee Iseo, Sun Yo Won, 2024.
Donui | 14.4 ㎡ | Ikseon,
Jeon Eun Suh, Jeon Hyun Ji, Jeong Si Yul, 2024.

THE 15TH GWANGJU BIENNALE ITALIAN PAVILION 141

IMAGE 이미지

p.102 - p.110, p.114 - p.127, p.130 - p.133, p.136 - p.140:
Installation view at Dong-gok Museum. Courtesy the Artist and Italian Pavilion - 15th Gwangju Biennale. Ph. Parker McComb

p.112, p.113, p.128, p.135:
Rebecca Moccia, *Ministries of Loneliness*, Still frame from the video installation. 2023-2024, Courtesy the Artist, Careof and Mazzoleni London - Torino

Video of p.140
Lee Gaae, Lee Yiseo, Sun Yowon, *The marriage Agency*, 2024. Courtesy the Students and Italian Pavilion - 15th Gwangju Biennale. Ph. Parker McComb

FORUM

SOIK JUNG

포럼

정소익

포럼: 서문

FORUM: INTRODUCTION

서문

2018년 영국 정부는 외로움부(部)를 설립하고 외로움에 관한 연구와 정책 수립, 사회 서비스를 제공할 계획을 발표하였다. 이는 사회 문제에 대해 개인의 자유와 책임을 중시하고 외로움을 개인의 나약함으로 치부하던 현대 사회의 패러다임이 사회 구조와 환경에 문제의 원인이 있음을 인정하는 것으로 선회하였음을, 따라서 정치와 정책의 역할이 대두되었음을 상징적으로 보여 준 장면이었다. 무엇보다, 산업혁명, 자본주의, 신자유주의를 이끌어 왔고 그 과정에서 모든 사회 문제를 개인의 책임으로 전가하는 정치 흐름의 첨병이었던 영국에서 나타난 변화였기에 더 파급력이 큰 '사건'이었다. 이후 다른 나라도 외로움에 관한 정부 차원의 대응을 본격화했다. 일본, 캐나다 등이 외로움과 고립에 대응하는 정부 부처를 설립했고, 한국 문화체육관광부도 2024년 11월 문화로 외로움을 논하고 치유하는 '문화담론 프로젝트'를 추진하기에 이르렀다. 이제 우리는 외로움을 개인의 감정적 어두움이나 낙오자의 병리적 현상으로만 바라보는 것을 지양한다. 왜곡된 사회 구조나 환경, 공동체의 사회문화적 특성으로 인해 외로움이 심화함을 인지하면서, 개인이 겪는 외로움이라는 감정의 배경과 역학 관계를 사회 체계 안에서 이해하려고 노력한다. 외로움을 개인 차원에서 해결하려는 자폐적인 문제 해결 방식을 넘어 외로움의 사회 구조적 뿌리에 접근하고 더 근본적으로 해결하기를 시도한다.

INTRODUCTION

In 2018, the government of the United Kingdom announced plans to establish a Ministry of Loneliness to conduct research on loneliness, formulate policies, and provide social services. This was a symbolic scene showing that the paradigm of contemporary society, which emphasized individual freedom and responsibility for social problems and dismissed loneliness as individual weakness, has shifted to acknowledging that social structures and environments are the cause of problems, and thus the role of politics and policy has emerged. Above all, it was an "event" that had a greater impact because it occurred in Britain, which had led the industrial revolution, capitalism, and neoliberalism, and was at the forefront of a political trend that blamed individuals for all social problems. Since then, other countries have also begun to respond to loneliness at the government level. Japan, Canada, and other countries have established government ministries to deal with loneliness and isolation. And in November 2024, the Korean Ministry of Culture, Sports, and Tourism launched the "Cultural Discourse Project" to discuss and heal loneliness through culture. We no longer view loneliness as an individual's emotional darkness or a pathological phenomenon of the underdog, but rather try to understand the background and dynamics of loneliness within the social system, recognizing that loneliness is intensified by distorted social structures, environments, and socio-cultural characteristics of communities. It goes beyond the self-blame problem-solving approach of solving loneliness at the individual level to approach the social structural roots

이와 같은 시대적, 철학적 변화에 동참하며, 2025년 1월 18일 광주광역시의 동곡뮤지엄에서 주한이탈리아문화원과 보문복지재단, 동곡뮤지엄이 공동으로 주최하는 포럼 《외로움의 지형학》이 열렸다. 작가 레베카 모치아가 이탈리아, 영국, 미국, 일본, 한국에서 수행한 예술 연구를 바탕으로 전개된 제15회 광주비엔날레 이탈리아관 전시 《외로움의 지형학》의 심화 프로그램으로서, 심리와 교육, 사회복지와 상담 분야의 전문가들이 한국인의 외로움에 관해 더 깊은 이야기를 나누는 자리였다.

포럼은 당사자성과 현장-학계의 통합 논의를 견지하면서 한국 청년들의 외로움을 핵심 주제로 삼아 기획되었다. 피상적인 단어 대신에 외로움을 절절하게 경험한 당사자의 살아 있는 이야기를 나누는 기회를 마련하고, 동시에 학계의 연구와 현장의 실천이 섞여 서로 새로운 것을 발견하고 얻어 가는 대화의 장을 제공하고자 했다. 그리고, 외로움 전반 또는 한국인의 외로움을 일반론적으로 건드리기보다 한국 청년들의 외로움을 좁고 깊게 이야기하고자 했다. 그렇게 논의의 밀도와 구체성을 높이고, 전시에서 작가가 한국의 외로움으로 주로 포착하여 보여 준 청년들의 외로움과 만나고자 했다.

유승규 안무서운회사 대표가 청년 당사자로서 자신이 경험한 외로움, 고립, 은둔을 공유하면서 포럼을 시작했다. 이를 바탕으로 서영석 연세대학교 교육학부 교수, 최운수 고려대학교 심리학부 교수, 백희정 광주광역시은둔형외톨이지원센터 센터장, 김효진 위시빌더 대표가 대담자로 참여해 논의를 이어 갔다. 네 명의 대담자는 한국인과 한국 청년의 외로움이 갖는 특징이 무엇인지, 한국인의 외로움이 어떠한 모습으로 나타나는지에 관해 이야기를 나누었다. 그리고, 점점 더 외로움에 관한 관심이 높아지고 정부의 정책과 사회서비스도 급속도로 늘어나고

of loneliness and attempts to solve it more fundamentally.

In response to these times and philosophical changes, the forum *Ministries of Loneliness* was held on January 18, 2025 at the Donggok Museum in Gwangju, co-hosted by the Italian Cultural Institute in Seoul, the Bomun Welfare Foundation, and the Donggok Museum. As a supplementary program of the 15th Gwangju Biennale's Italian Pavilion exhibition, *Ministries of Loneliness*, which is based on the artist Rebecca Moccia's artistic research in Italy, the United Kingdom, the United States, Japan, and Korea, experts from the fields of psychology, education, social work, and counseling discussed loneliness in Korea.

The forum was organized with the loneliness of Korean youth as the core theme, while maintaining the focus on the subjectivity of the concerned parties and the integration of professional field practices and academic discussions. Instead of superficial words, we wanted to provide an opportunity to share the living stories of those who have experienced loneliness acutely, and at the same time, provide a place for dialogues where academic research and field practice can be integrated to discover and gain new insights from each other. In addition, rather than a generalist approach to loneliness or the loneliness of Koreans in general, we wanted to talk about the loneliness of Korean youth specifically and deeply. In this way, we wanted to increase the density and specificity of the discussion and encounter the loneliness of Korean youth that the artist mainly captured and showed as Korean loneliness in the exhibition.

Seungkyu You, CEO of the Not Scary Company, opened the forum by sharing his experiences of loneliness, isolation, and reclusion as a young recluse. Based on this, Young Seok Seo, professor in the Department of Education at Yonsei University, Eunsoo Choi, professor

있는 지금, 우리는 어디쯤 와 있는지, 외로움을 보살피는
사회적 노력으로 무엇이 있는지, 더 나아가 앞으로 현장과
학계에서 어떠한 노력을 더 해야 할지에 관한 생각도
나누었다. 그 기록을 여기에 남긴다.

포럼《외로움의 지형학》의 기록이 외로움을 대하는 우리의
생각과 자세를 성찰하는 계기가 되길 바란다. 나약하거나
무책임해서 외로운 것이 아니라 누구든 외로울 수 있음을
받아들이고 열린 마음으로 외로움을 대면하는 시작점이 되길
바란다. 외로움의 주변과 이면까지 비판적으로 바라보도록
시야를 확장하는 기회가 되길 바란다.

정소익
제15회 광주비엔날레 이탈리아관 전시 및
포럼《외로움의 지형학》큐레이터

at the School of Psychology at Korea University, Heejung Paik, general manager of Gwangju Hikikomori Support Center, and Hyo-jin Kim, CEO of WishBuilder, carried on the discussion. The four panelists discussed the characteristics of loneliness among Koreans and Korean youth and how loneliness manifests in Korea. They also shared their thoughts on where we are as a society, what social efforts are being made to take care of loneliness, and what more needs to be done in the field and within academia in the future, considering loneliness is increasingly being recognized and government policies and social services are rapidly expanding. The following is a record of those proceedings.

We hope that the documentation of the *Ministries of Loneliness* forum will serve as an opportunity for us to reflect on our thoughts and attitudes toward loneliness. We hope it will serve as a starting point for facing loneliness with an open mind, accepting that anyone can be lonely, not just the weak or irresponsible. We also hope it will expand our horizons to look critically at the surroundings as well as behind the scenes of loneliness.

SOIK JUNG,
Curator of *Ministries of Loneliness*,
15th Gwangju Biennale
Italian Pavilion Exhibition & Forum

토론 참여자
(등장순)

유승규

(주)안무서운회사 대표. 5년간 은둔 경험을 바탕으로 은둔 및 고립 청년과 그 가족을 지원하는 사회적 기업 (주)안무서운회사를 창업하였다. 공동생활 셰어하우스와 은둔 경험 당사자를 치유자로 양성하는 '은둔 고수' 양성 과정을 운영하고, 공공 프로젝트와 연구의 자문 및 운영위원으로 활동하고 있다.

서영석

연세대학교 교육학부 상담교육전공 주임교수. 외로움, 애착, 트라우마, 외상 후 성장 관련 연구 등을 수행하고 있다. 최근 '한국인의 외로움: 개념적 정의와 측정에 관한 고찰' 등 한국인의 외로움을 연구한 논문을 발표했다.

최은수

고려대학교 심리학부 교수. 인간의 심리적인 과정(정서, 행동, 인지)이 주변의 문화사회적인 맥락 및 조건과 어떻게 관계를 맺고 있는지를 연구하고 있다. 희망연구소(Institute for Hope Research)에서 '의미와 성장이 있는 삶'을 지향하는 연구와 확산 활동에도 참여하고 있다.

백희정

광주광역시은둔형외톨이지원센터 센터장. 공익 활동가로서 성평등, 인권, 5·18, 청년 정책 분야에서 교육, 컨설팅, 모니터링 등 애드보커시 활동을 하고 있다. 공공 영역에서 은둔형 외톨이 발굴 및 지원 체계 모델을 만들어 가고 있다.

FORUM PARTICIPANTS
(in order of appearance)

SEUNGGYU YOU

Seunggyu You founded the Not Scary Company, a social enterprise dedicated to supporting socially withdrawn and isolated youth and their families, inspired by his own five-year experience of social withdrawal. The company's flagship programs include shared housing initiatives and the "Hikikomori Master" training course. He has played key roles as a consultant and advisory board member for various public initiatives.

YOUNG SEOK SEO

Young Seok Seo is a professor of counseling education in the Department of Education at Yonsei University. He majored in psychology in his undergraduate studies and counseling psychology in graduate school. Recently, he has published papers on the loneliness of Koreans, including "Exploring Loneliness among Korean Adults: A Concept Mapping Approach."

EUNSOO CHOI

Eunsoo Choi is an associate professor in the School of Psychology at Korea University. Her work explores the interaction between psychological processes—such as emotion, behavior, and cognition—and the socio-cultural environments in which they occur. Recently, she joined a group of six psychologists to establish the Institute for Hope Research (IHR), an organization dedicated to promoting "a life of meaning and growth."

HEEJUNG PAIK

Heejung Paik is a public interest activist and is engaged in advocacy activities such as education, consulting,

김효진
  (주)위시빌더 대표. '자살예방정책 형성과정에 관한 연구'로 사회복지학 박사 학위 취득. 지난 15년간 생명보험사회공헌재단에서 다양한 생명 존중 캠페인을 기획·진행했고, 현재 사회적 기업(예정) (주)위시빌더를 창업하여 운영하고 있다.

and monitoring in the fields of gender equality, human rights, the May 18 Gwangju Uprising, and youth policy. She is currently serving as the director of the Gwangju Hikikomori Support Center, creating a model for supporting reclusive and isolated people for the public sector.

HYO-JIN KIM

Hyo-jin Kim founded WishBuilder, a social enterprise(planned). She earned her doctorate with her research titled, "Analysis of the Process of Forming Suicide Prevention Policies in Korea." Through her work at the Life Insurance Social Contribution Foundation, she led various youth suicide prevention campaigns, addressing suicide as a social issue and contributing to the spread of the culture of respect for life.

포럼: 청년 당사자 이야기

FORUM: THE STORY OF A YOUNG RECLUSE

청년 당사자 이야기

정소익

외로움의 청년 당사자 이야기를 함께 나누어 주실 유승규 안무서운회사[1] 대표님 모시고 포럼 시작하겠습니다. 제가 이 포럼을 준비하면서 패널로 참여해 주시는 모든 분과 사전 면담을 간략하게 진행했습니다. 유승규 대표님과 사전 면담에서 제가 느낀 것은, 대표님께서 학창 시절부터 대외 활동을 굉장히 많이 해 왔고, 성격도 상당히 외향적이라는 점입니다. 그런데도 외로움을 느끼고 은둔까지 하게 된 과정이 있을 것 같아요. 그 과정에 관해서 이야기해 주시면 좋겠습니다.

유승규

<u>진심을 나눌 관계가 없어서</u>

그것이 대표적인 선입견이라면 선입견이겠죠. 좀 활발해 보이는 사람이 고립되지 않을 것이다. 사실 저는 서울예술대학교 다니던 시절에 은둔 생활을 했습니다. 학교에서 축제 때 주점 같은 걸 열면 항상 매출 1등을 찍는 건 제 몫이었습니다. 친구들이 항상 '네가 해야지' 했었고, 그런 역할들을 늘 잘 수행했거든요. 그러나 결국엔, 표면적으로 그냥 이런저런 말을 잘할 수 있는 것과 별개로, 진짜 내가 가지고 있는 고민을 이야기할 수 있는 사회적 관계가 있는지 없는지 하는 부분이 고립과 직결되는 문제였습니다.

제가 어렸을 때 아버지가

1. https://notscary.co.kr

THE STORY OF A YOUNG RECLUSE

SOIK JUNG

We will begin the forum with Mr. Seunggyu You, CEO of Not Scary Company[1], who will share his story of loneliness.

While preparing for this forum, I conducted a brief preliminary interview with all the panelists. During the preliminary interview with Mr. You, I got the feeling that he had been very active in external activities since his school days and has a very extroverted personality. Nevertheless, it seems that there was a process that led you to feel lonely and reclusive. I would like you to tell us about that process.

SEUNGGYU YOU

<u>The lack of a heart-to heart relationship</u>

That appears to be a typical stereotype. People who seem more active won't be isolated. In fact, I lived a reclusive life when I was attending the Seoul Institute of the Arts. When we opened a bar or something during a school festival, it was always my job to be the top seller. My friends always said, "It's your job!" and I always performed that role well. But in the end, the issue of isolation was directly related to whether or not I had social relationships where I could talk about my real concerns, separate from just talking about this and that.

When I was young, my father studied abroad for a

---

1. https://notscary.co.kr

오랫동안 해외에서 공부하시는 동안 어머니는 가부장적인
제사 문화 속에서 고조할아버지까지 제사를 지내면서 독박을
쓰는 분위기였습니다. 어머니는 항상 저에게 할아버지 흉을
보셨고, 극단적으로 자살 시도를 한 적도 있었어요. 그렇게
가족이 전부 다 힘들어 보이는 상황 속에서 제 고민을
이야기하기가 좀 어려웠습니다. 진짜 고민 같은 것들, 하고
싶은 일에 관한 이야기 같은 것요. 그렇게 표면적으로 그냥
착한 아이라면 착한 아이처럼 맞춰 가다 보니 좀 문제가
됐던 것 같아요. 가족들은 우울증이나 병리적인 부분들에
선제적으로 대응하기보다, 예를 들어 '우리 한번 이런 문제에
대해서 좀 상담을 받아 보지 않을래'라는 분위기보다, 오히려
'너 자꾸 이러면 정신병원에 가야 된다'라는 식의 압박을
주었고, 저는 제 상황을 부정적으로 인식하게 되었습니다.
내가 지금 뭔가 문제구나, 내가 좀 게을러서 그런가, 내가 조금
더 뭔가를 더 열심히 해야 하는구나, 이런 생각들을 하면서.
정리하자면, 진짜 고민을 이야기할 수 있는 상대가 부재하면서
첫 은둔이 시작되었습니다.

정소익

대표님께서는 은둔을 시작하고 벗어났다가 다시 은둔하고,
여러 과정을 겪으셨습니다. 어느 순간 갑자기 은둔 생활에
빠지는 게 아니라 여러 단계, 사건들을 거치셨던 듯해요.
우리도 갑자기 외로움이나 은둔에 빠진다기보다 모두가 어느
정도 그 과정을 겪을 수 있다는 생각을 해 볼 수 있습니다. 그
부분을 좀 더 이야기해 주실 수 있을까요?

유승규

<u>눈치 보고 자신만 닦달하며 은둔에 빠지는 악순환</u>

저는 수년간 은둔 당사자들과 24시간 상주하고 있어서 제
과거의 경험을 계속 상기하게 되고 '내가 저랬었구나, 다

long time, and my mother lived in a patriarchal ancestral rite culture, even performing ancestral rites for my father's great-great-grandfather on her own. My mother always criticized my grandfather, and she even attempted suicide. In such a situation where the whole family seemed to be having a hard time, it was difficult for me to talk about my worries. Real worries, things I wanted to do, and so on. Trying to fit in as a good child on the surface, it became a problem. My family pressured me by saying "If you keep doing this, you'll have to go to a mental hospital," rather than proactively responding to depression or pathological aspects, for example, saying "Why don't we get some counseling about this problem?" So I started to think negatively, 'I have a problem right now, I'm a little lazy, I need to work a little harder at something.' To summarize, the first stretch of reclusion began when there was no one I could really talk to about my worries.

SOIK JUNG

You went through a series of processes, starting and overcoming and then going back into reclusion. It doesn't seem like you just suddenly went into reclusion, but rather went through a series of steps and events. I would think that we could also go through that kind of process to some degree, rather than suddenly falling into loneliness or reclusion. Could you tell me more about that?

SEUNGGYU YOU

The vicious cycle of *nunchi*, self-reproach, and reclusion

I have been living with recluses 24 hours a day for many years, so I keep recalling my past experiences and thinking, 'I was like them, they are all going through similar difficulties.' For example, there is this active guy. Many people come to see him and contact him, but he does not always feel comfortable. He is not aware of his feeling

비슷한 어떤 어려움을 겪고 있구나' 생각하게 됩니다. 예를
들어, 활발한 한 사람이 있습니다. 만나는 사람이 많고 연락도
많이 오지만 그게 편하지만은 않아요. 외로운 감정, 즉
자신이 정서적으로 뭔가 위기에 있다는 사실을 잘 자각하지
못합니다. 대신, 불편함을 없애려면 오히려 더 열심히 일해야
한다, 어떤 자격을 좀 갖추면 괜찮지 않을까, 더 좋은 대학에
들어가면 되지 않을까 하는 강박에 휩싸여서 바늘구멍에
에너지를 더 많이 쏟습니다. 그러다가 좀 지치게 되면, 갑자기
어느 순간 인생에서 처음으로 한 2주 정도 밖에 나가지
않는 경험이 생기고 그것이 한 달로 늘어 가고, 항상 배달
음식을 먹으면서 살이 좀 쪘을 수 있고, 씻지 않아서 위생
관념이 떨어져서 피부가 안 좋아졌을 수 있고, 그런 계기들로
인해 집에서 나가기 어려운 상태를 경험하게 됩니다. 이와
동반해서 병리적인 현상들도 생길 수 있는데, 병원에 가는
것에 대한 어려움, 상담센터에 가는 것에 대한 어려움을
겪기도 합니다. 실제로 재고립을 조사한 한 연구에 따르면
청년들이 사실은 반대로 하고 있다고 합니다. 아주 극소수인
5% 정도만이 비슷한 어려움이 있는 사람들과 사회적 관계를
만들면서 재고립되지 않았고, 재고립된 사람들은 일이나
자격증을 취득해서 이 문제를 해결할 수 있다고 믿는다고
해요. 재고립에 빠진 이유 중 1위가 원래 문제가 해결되지
않아서인데도요. 뭔가 남에게 보이는 것에 중점을 많이 두는
것 같습니다. 단계별 눈치라고 해야 할까요? 눈치 보면서
나중에 고립이 심화되면, 거짓말도 많이 하게 돼요. 약속에
가겠다고 했다가 못 가게 되기도 하고. 그러면서 점점
해명하기도 힘드니까 아예 연락을 단절하게 되는 경우들이
많습니다.

정소익
대표님께서는 학교 때부터 게임 동아리 같은 모임을
주도적으로 운영하기도 하셨습니다. 제 생각에는 굉장히

lonely, that is, the fact that he is in an emotional crisis. Rather, he would be obsessed with the idea that, in order not to feel uncomfortable, he should work harder, get some qualifications, get into a better university, and he tries to spend more energy on the eye of the needle. Then, when he gets tired, he suddenly has the experience of not going out for the first time in his life for about two weeks, and that extends to a month. He may gain some weight because he always eats delivery food, and his skin may become bad because he does not wash and has poor hygiene. He experiences a state in which it is difficult to leave the house continuously due to such triggers. Pathological phenomena may also occur along with this, and he could have difficulties in going to the hospital or counseling centers. In fact, research on re-isolation is reporting that young people are actually doing the opposite. Only a very small number of about 5% did not become isolated again by making social connections with people with similar difficulties. Those who went into re-isolation believed that they could solve this problem by getting a job or a certificate. The number one reason for re-isolation is that the original problem was not solved, however it seems that they focus a lot on what others think. We might call it the step-by-step progression of nunchi (눈치) [2]. As they become more conscious of others' perceptions, their isolation worsens and they end up lying a lot. They say they will go to an appointment but end up not going. And as it becomes increasingly difficult to explain such things, they end up cutting off all contact.

SOIK JUNG

You have also been actively running a game club since you were in school. I think it would be a great and motivated social activity, which would contribute to a good

[2] *Nunchi* (눈치), is a Korean concept that refers to the hyper sensitive sensing or observation of one's social surroundings, such as other people's attitudes and perceptions.

의욕적인 사회 활동이고, 좋은 포트폴리오와 이력이 될 수 있을 것 같은데, 그런 것들이 오히려 굉장히 스트레스를 많이 주는 요인이었다고 말씀하셨습니다.

유승규

한국의 '눈치'와 비슷한 것들이 다른 나라에도 있어요. 일본에서 '공기를 읽는다'라는 의미의 '구키오 요무'(空氣を読む)는 조금 더 숨 막히는 느낌입니다. 제가 알기로 이탈리아에도 '벨라 피구라'(Bella figura, '아름다운 모습'이란 뜻)가 있습니다. 이런 모습들이 사회적인 기준점으로 사용되는 것 같아요. 어떤 괜찮은 대학에 들어가야 한다든가 그래도 좀 갖추고 살아야 한다든가. 제가 서울예술대학교에 다닐 때 교수님들께 유튜브 세상이 올 것이라고 주장했었습니다. 그런데 교수님들 생각이 당시에는 반반이었어요. 기성의 방송국 출신 감독님들은 방송국에 수억 대의 카메라가 있고 연예인도 있는데 일반인들이 나오는 콘텐츠의 수요가 있을지, 아마 잠깐 반짝하는 것은 아닐까, 생각했습니다. 제가 그런 시선에 많이 억눌렸던 것 같아요. '나는 이게 될 거 같은데' 생각했지만, 그런 콘텐츠를 열심히 하면 할수록 오히려 자괴감이 드는 느낌이었습니다. 그런 제 생각들을 지지하는 사람들이 있었으면 좋았겠지만, 안타깝게도 제 주변에 없었습니다. 그래서 좋아하는 일을 하면 할수록 더 무너지는 느낌이었고, 증명하는 데 에너지를 너무 많이 써야 했습니다. 그러다가 저도 20살이 되니까, 보통 한국에서 청년들이 가장 많이 은둔에 빠지는 나이가 20살인데, 구키오 요무나 벨라 피구라 같은 상황 안에서 대학에도 가야 할 것 같고, 취업이라도 해야 할 것 같고, 하지만 제3의 선택을 하는 것에 용기를 내기는 어렵고, 그것이 아니라고 말하는 어른들에게 당당하게 맞서 싸우기에는 부끄러운 느낌들이 있었습니다.

portfolio and resume, but you said that it was actually a very stressful factor.

SEUNGGYU YOU
<u>When my thoughts are stifled by my surroundings</u>

There are similar ideas to Korea's *nunchi* (눈치) in other countries. In Japan, there is kuuki wo yomu (空気を読む), which means "reading air," which is very mindful and a bit more suffocating. As far as I know, Italy also has *bella figura* ("the beautiful image"). I think these are used as social standards. Like you have to get into a good university or at least live a decent life. When I was attending the Seoul Institute of the Arts, I insisted to my professors that the world of YouTube would come. But at the time, the professors were divided. The established broadcasting directors thought that there would not be a demand for content featuring ordinary people since broadcasting stations have hundreds of millions of cameras and celebrities, and that it would probably only be a flash in the pan. I felt crushed by those views. I thought, 'I think I can do this,' but the more I worked on that kind of content, the more I felt a sense of shame. I wished there were people who supported my thoughts, but unfortunately there weren't any around me. The more I did what I liked, the more I felt like I was falling apart, and I had to spend too much energy proving myself. Then, when I turned twenty, the age at which Korean youth most often become reclusive, I felt like I should go to college and get a job in line with kuuki wo yomu or bella figura. However it was really hard to muster up the courage to make a third choice, I felt embarrassed to stand up to my superiors who told me I was wrong.

SOIK JUNG
Going through that period, you went through a process

정소익

그런 시간을 거치면서 은둔하고 극복했다가 재고립이 되는 과정을 겪으셨는데, 최종적으로 은둔을 극복하게 된 계기나 과정이 있었을 것 같습니다.

유승규

<u>외로움이 개인의 문제가 아니라는 감각이 회복의 시작</u>

군대까지 다녀와서 재고립이 되니까 당연히 절망감이 굉장히 심했습니다. 20살 때부터 23살까지 군대 가기 전에 3년 정도 은둔 생활을 했었고, 군대에서 대학을 준비하고 대학에 들어가서 1년 반 정도 다니다가 재고립에 빠졌었습니다. '그래, 군대 갔다 오면 뭐든지 할 수 있어'라는 생각으로 군대에 갔다 왔는데, 이후 더 심한 고립 상태, 소위 말하는 쓰레기장 방 수준으로 위생 관념이 다 떨어진 상태, 거의 고독사 직전의 상태로 살았습니다. 자괴감이 심했어요. 극복하게 된 계기는 이게 개인의 문제가 아니라는 어떤 감각의 회복이었습니다. 그 전에는 '내가 게을러서 그런 거니까 이런 문제를 해결하고 어떤 자격증을 따고 좋은 대학에 가면 고립이 해결될 거야' 같은 굉장히 사회적인 시선을 가지고 있었다가 '이 정도로 외로우면 혼자 해결할 수 없는 게 아닐까'라는 생각이 들었습니다. 이런 감각은 영화를 통해서도 학습했어요. 당시 봉준호 감독의 단편영화 중에 〈흔들리는 도쿄〉라는 작품이 있었는데, 주인공 삶이 저랑 비슷했습니다. 그래서 '내가 어쩌면 히키코모리 상태일 수도 있겠다'라는 생각을 하게 됐고, 히키코모리를 검색해 보면서 이게 도움을 받을 필요가 있는 문제라는 것을 깨달았어요. 저에겐 유레카였죠. 심리상담이나 사회복지를 전공하시는 분들이 보시기에는 그게 뭐 그렇게 대단한 발상이냐고 하실 수 있겠지만, 뭔가 도움을 요청한다는 것이 저에겐 하나의 상상력 범주였습니다. 그런 지원을 해 주는 단체의 존재와 사람들의 존재를 알게 되면서부터 회복이 시작됐어요.

of reclusion, overcoming it, and then becoming reclusive again. I think there must have been a trigger or process that ultimately led you to overcome your reclusion.

SEUNGGYU YOU
A sense that loneliness is not a personal problem as the beginning of recovery

After serving in the military, I fell into reclusion again, so of course I felt a great sense of despair. I had lived in reclusion from when I was 20 to 23 for about three years before I enlisted for my mandatory military service, and I prepared for college in the military, enrolled and had attended university for about a year and a half before becoming reclusive again. I went into the military thinking, 'Okay, after military service, I can do anything,' but afterwards, I lived in a state of even more reclusion, with no sense of hygiene, almost on the verge of dying alone. I had a severe sense of self-loathing. What helped me overcome this was the recovery of a sense that this was not a personal problem. Before, I had a very social perspective, thinking, 'It's because I'm lazy, so if I solve this problem, get a certain qualification, and go to a good university, my reclusion will be resolved,' but then I recovered the sense that 'If I'm this lonely, I can't solve it alone, right?' I also learned this sense through movies. At the time, there was a short film by director Bong Joon-ho called *Shaking Tokyo*, and the main character's life in that film was similar to my life. So I started to think, 'I might be a *hikikomori*,' and while looking into hikikomori, I realized that this was a problem that needed help. It was a eureka moment for me. People who major in psychological counseling or social welfare might think that it's not such a great realization, but for me, asking for help was a category of the imagination. After receiving that kind of education, and learning about the existence

정소익

그때 어떤 분의 어떤 도움을 받으셨어요?

유승규

<u>주변의 도움 받기</u>

그때 한국에는 이 문제를 전문적으로 다루는 단체가 그렇게 공식화되어 있지 않았을 겁니다. 그래서 K2 International Korea[2]라고, 일본에서 히키코모리를 30년 정도 전문적으로 지원해 오던 그룹의 한국 지사에서 도움을 받았습니다. 그 지사는 심지어 한국인을 위해 세워진 회사도 아니었습니다. 자국 출신 히키코모리 청년을 위한 한국 지사였던 거죠. 그런데 한국에서 운영하는 중에 자꾸 한국 학부모들이 '우리 애들도 지금 집 밖에 안 나온다'라고 도움을 요청하다 보니 한국 사업을 더 적극적으로 하게 됐습니다. 그 시기에 제가 2기수 정도 도움을 받았어요. 어떻게 보면 일본인들의 도움으로 은둔에서 나올 수 있었습니다.

정소익

히키코모리에도 여러 가지 스펙트럼이 있습니다. 히키코모리라고 하면 우리는 보통 방 밖으로 한 발짝도 안 나오는 것만 상상하지만, 사실 '약한' 히키코모리도 있고, '심한' 히키코모리도 있고. 이에 대해서 좀 더 아시는 바가 있을 것 같습니다.

유승규

<u>고립, 은둔, 완전 칩거</u>

'고립'이 인간관계가 부족해서 외로운 상태라면, '은둔'은 그 상태가 장기화해서 대부분의

[2] 사회적 기업 K2 인터내셔널 코리아. K2 인터내셔널 그룹은 1989년 일본에서 당시 사회 문제가 되기 시작한 '등교 거부' 문제를 해결하기 위해 설립되어 요코하마, 이시노마키, 뉴질랜드 오클랜드, 호주 시드니, 그리고 한국 서울에서 지금까지 등교 거부, 히키코모리(은둔형 외톨이), 니트(NEET) 등 사는 데 어려움을 겪고 있는 청년들이 자립하여 일하면서 살아갈 수 있도록 지원하고, 더불어 살아가는 장을 만들어 왔다. K2 인터내셔널 코리아는 2021년 말 폐업, 활동을 중단했다. 출처: http://k2-kr.com

of organizations as well as people who provide help, my recovery began.

SOIK JUNG

Who did you receive help from at that time?

SEUNGGYU YOU

<u>Getting help around you</u>

At that time, there was probably no organization in Korea that specialized in this issue. So, I received help from K2 International Korea[3], the Korean branch of the K2 International Group, which had specialized in supporting hikikomori in Japan for about thirty years. That branch was not even a company established for Koreans. It was a Korean branch for hikikomori youth from Japan. But while they were operating that base in Korea, Korean parents kept saying, "Our kids also don't come out of the house anymore," so they became more active in their Korean operations. During that time, I received help for about two sessions. In a way, I was able to come out of reclusion thanks to the help of the Japanese.

SOIK JUNG

The spectrum of hikikomori is diverse. When we think of hikikomori, we usually imagine someone who never steps out of their room, but in fact, there are both mild hikikomori and severe hikikomori. I think you may know more about this.

SEUNGGYU YOU

<u>Isolation, reclusion, and complete reclusion</u>

3. K2 International Korea - K2 International Group was a social enterprise, established in 1989 to solve the problem of "school refusal," which was beginning to become a social problem in Japan at the time. It has supported young people who are having difficulties in living, such as school refusal, hikikomori (reclusive loners), and NEETs, in Yokohama, Ishinomaki, New Zealand-Auckland, Australia-Sydney, and Korea-Seoul, and has created a place for them to live together while working and living independently. K2 International Korea closed down and ceased its activities at the end of 2021. (Source: http://k2-kr.com/)

시간에 집이나 방 안에서 보내는 상태입니다. 일본에서는 히키코모리 중에서 완전 칩거 상태의 히키코모리를 '가치코모리'라고 구분해서 부릅니다. 스모 용어로, '진검승부'라는 뜻의 '가치'[3]라는 말을 붙인 것인데, 전체 히키코모리 인구의 2%, 3% 수준이라고 해요. 한국에서도 7천 명 이상의 청년들이 응답한 복지부 실태조사[4] 결과에서 보면 6% 정도가 완전히 칩거 상태라고 합니다. 그러니까 대부분의 은둔자들은 편의점에 가거나, 다른 동네에 있는 도서관에 하루 종일 있다가 오는 정도는 합니다. 지방 소도시에서는 동네 주민들이 우리 가족을 다 아는데 자신이 지금 이런 상태에 있다는 게 알려지는 것이 싫어서도 그렇고요. 하지만 사회적 상호작용이 있는 건 아닙니다. 편의점에 가는 것도 마찬가지입니다. 편의점에 가서 그냥 에어팟 끼고 카드 넣고 담배를 받는다고 해서 그것을 외출이라고 하기가 좀 애매합니다. 이렇게 사회적 관계의 형질이 별로 좋지 않은 형태의 외출을 포함하는 것이 광의의 히키코모리나 은둔형 외톨이라고 할 수 있을 것 같습니다. 완전 칩거 상태는 생각보다 적어요.

정소익

지금 대표님의 안무서운회사에서 공동 주거를 운영하고 계십니다. 상담 요청이 들어오면 우리가 심리상담을 받을 때 일단 10회기를 끊고 시작하듯이 단순하게 접근하지는 않을 텐데, 안무서운회사가 어떤 식으로 접근하는지 설명을 해 주시겠어요?

유승규

같이 하기, 동반자적 서비스

저는 지금 활동 6년 차이고 24시간 근무하고 있습니다. 현장에서 방문 상담도 나가고

3. 가치(ガチ). 가친코의 줄임말. 스모의 '진검승부', '진지한 승부'를 의미한다.

4. 「고립·은둔 청년 실태조사 연구」, 김성아·김문길·임덕영·노혜진·노현주, 한국보건사회연구원, 2023.

If isolation is a state of loneliness due to a lack of human relationships, reclusion is a state in which it becomes long-term and most of one's time is spent at home or in a room. In Japan, hikikomori in a state of complete reclusion is distinguished as *gachikomori*. The word *gachi*[4] is sumo terminology, and it encompasses around 2% or 3% of the total hikikomori population. In Korea, according to a survey[5] by the Ministry of Health and Welfare which more than 7,000 young people responded to, about 6% were completely reclusive. In other words, most recluses go to the convenience store. Or, in small cities in the countryside, since everyone in the neighborhood knows their family and they don't want to be caught in this situation, they stay at the library in another neighborhood all day and come back. But there is no social interaction. Going to the convenience store is the same. It's a bit ambiguous to call it "going out" if a smoker goes to a convenience store, with AirPods in, puts in a card, and gets cigarettes. This type of going out where the nature of social relationships is not very good can be called hikikomori or a reclusive loner in a broad sense. Complete reclusion is less common than you might think.

SOIK JUNG

Not Scary Company, your company, is currently operating a co-housing business. When you receive a request for counseling, you probably don't approach it as simply as prescribing ten sessions of psychological counseling. Could you explain the Not Scary Company's approach?

SEUNGGYU YOU

<u>Do it together, a companion service</u>

I have been working for six years now and I work

---

4. *Gachi* ガチ, short for gachinko, means a serious match in sumo.

5. Kim, S. A., Kim, M. G., Lim, D. Y., Noh, H. J., & Noh, H. J. (2023). 고립·은둔 청년 실태조사 연구 [Isolated and reclusive youth survey]. Korea Institute for Health and Social Affairs.

공동생활에 상주까지 하는데 그런 종사자는 아마 저밖에 없을 거예요. 지금까지 정말 지난하게 고생하면서 느낀 것은 은둔형 외톨이 지원 활동이 일종의 '재양육'이라는 겁니다. 길게는 10년, 십몇 년 은둔한 사람들이 한국에서도 이제 심심치 않게 나타나고 있어요. 그 정도 은둔 생활을 하는 분들은 한 달, 두 달 씻지도 않는 상태가 될 수도 있는데, 그럴 경우 씻는 것부터 다시 알려 줘야 하는 상황이 생기기도 해요. 그리고 병원 같은 곳에 대한 저항감도 있어서 이빨 빠져서 앞니가 비어 있는데도 병원에 가지 않는 경우도 꽤 있습니다. 은둔자들의 공통적인 특징 중 하나예요. 오랫동안 은둔한 분들이 그런 상황이면 병원까지 동행해 줘야 하는 거죠. 조금 더 동반자적인 형태의 서비스가 필요하다고 생각해요. 그런 면에서 기존의 상담 윤리와 살짝 충돌하는 부분도 있는 것 같습니다. 앞으로 조금 고민해야 할 부분이죠. 반대로 저희 쪽의 서비스가 유효함에도 종사자에게 요구되는 윤리 규정이 너무 엄격해서 충돌이 있기도 합니다. 이 사람이랑 친구처럼 지내야 하는데 또 거리를 둬야 하고, 연애 감정도 조심해야 하고요. 이런 현실적인 문제가 있지만 어쨌든 저희 서비스가 '같이 한다'라는 것에 방점을 둔 동반자적인 서비스라고 생각합니다.

정소익

종사자 윤리 같은 이야기는 저희가 두 번째 논의할 때 더 이야기해 주시면 좋겠습니다. 마지막으로, 대표님께서 지금 외로움으로 힘들어하는 친구들에게, 이제 초기일 수도 있고 고립의 수준일 수도 있고 은둔의 수준일 수도 있는 여러 단계의 친구들, 특히 젊은 친구들에게 본인의 경험에 비추어서 해 주고 싶은 이야기가 있다면?

유승규

<u>은둔, 누구나 겪을 수 있다</u>

24 hours a day. I also go out in the field for on-site consultations and even live in the group residence. I am probably the only one who does that. What I have felt through my hardships so far is that the support activities for recluses are a kind of re-parenting. People who have been reclusive for ten years or more are now quite common in Korea. If they live in reclusion for that long, they may not wash for a month or two, and then you have to teach them how to wash again. Also, there are many cases where they develop a resistance to hospitals for a long time, so they do not go there even though their front teeth have fallen out. This is one of the common characteristics of recluses. In cases like this, people who have been reclusive for a long time need to be accompanied to the hospital. What is needed is a service that is a little more companion-like than existing counseling. In that sense, there could be some parts that slightly conflict with existing counseling ethics. This is an area that needs to be improved in the future. On the other hand, our service is valid, but the ethical code required of employees is too strict. It is difficult. You have to be friends with this person, but you also have to keep your distance, and you have to be careful about romantic feelings. There are these practical problems, and also conflicts, but the service we provide is a little more possible because we "do it together." It's a companion service.

SOIK JUNG

I would like to talk more about the ethics of employees when we have our second discussion. Lastly, to people, especially to young people who are struggling with loneliness right now, whether it is in the early stages, or in the stage of isolation, or in the stage of reclusion, is there anything you would like to say based on your own experience?

정말 딱 한마디만 전해야 한다면, '그냥 이빨만 잘 닦고 주무세요' 정도입니다. 생각보다 은둔에서 벗어나서도 충치 때문에 고생하시는 분들이 진짜 많습니다. 그래서 그냥 이빨만 닦고 주무셔도 그 상태에서는 최선이라고 저는 생각해요. 우울한 감각에 빠진 사람들에게 이런 걸 저런 걸 주문할 수는 없겠지만, 만약 어떤 유기적인 상태가 돼서 제 말이 좀 흡수될 수 있다면 더 전하고 싶은 말도 있습니다. 저도 호주에서 니트족[5]이라고 불리는 청년들과 같이 셰어하우스에서 살았습니다. 일본의 히키코모리 친구들과도 같이 살기도 했고요. 나아가서 최근 영국에 외로움부(Ministry of Loneliness)가 생겼고, KBS에서 다큐멘터리로 다뤘던 히키코모리 이탈리아[6]도 있습니다. 그곳 회원이 꾸준히 늘고 있는 것으로 알고 있어요. 이런 것들을 제가 현장에서 보면서 은둔이 생각보다 굉장히 세계적인 흐름이구나, 인생의 전환기마다 발생할 수도 있는 일이구나 실감하게 돼요.

예전에 저의 경험만 있었을 때는, 좋은 대학에 가지 못해서, 좋은 부모를 만나지 못해서, 이렇게 단순하게 탓했었는데, 지금 제가 고객으로 만나는 분 중에는 해외 유학에서 고립되는 분들도 계세요. 우리가 어느 정도 엄친아라고 부르는, 사회적으로 꽤 괜찮게 성공했던 친구들이고요. 해외 유학도 우리가 성공 사례만 접하니까 좋아 보이는 것이지 그 상황에서 고립되는 친구들이 있습니다. 이혼 이후에 은둔하는 경우도 있고요. 그러니까 생애주기별로 은둔이 발생할 수 있는 확률이 꽤 높은 겁니다. 그래서 저는, 이게 오히려 먼저 잘 겪으면 이후 삶의 생애주기에 더 잘 적응할 수 있다고 긍정적으로 보고 있습니다. 안무서운회사에서 쓰고 있는 구호 "은둔 경험도 스펙이다"처럼, 은둔 경험이 이후의 삶에 저항 능력, 회복 탄력성 같은 것들을 심어 준다고 생각해요. 그래서, 제

---

5. 니트족(Not in Education, Employment or Training, NEET)은 나라에서 정한 의무교육을 마친 뒤에도 진학이나 취직을 하지 않으면서 직업훈련도 받지 않는 부류다.

6. https://www.hikikomoriitalia.it

FORUM: THE STORY OF A YOUNG RECLUSE

SEUNGGYU YOU

<u>Reclusion, it could happen to anyone</u>

If I had to say just one thing to a recluse, it would be, "Just brush your teeth and go to sleep." There are actually more people who suffer from cavities after coming out of their reclusion than you might think. So, I think just brushing their teeth and going to sleep is the best they can do in that state.

I can't order this or that from people who are feeling depressed, but if there is some kind of fluid state and my words can be absorbed, there is something else I want to say. I also lived in a shared house with young people called NEETs[6] in Australia. I also lived with hikikomori from Japan. Furthermore, the Ministry of Loneliness was recently established in the UK, and there is also Hikikomori Italia[7] that KBS covered in a documentary. The number of members there is steadily increasing. When I see these things on the spot, I realize that reclusion is a much more global trend than I thought, and that it can happen at every turning point in life. When I only had my own experience to go on, I simply blamed it on not getting into a good university or because I didn't have good parents. However now, among the people I meet as clients, some become reclusive while studying abroad. People like your "mom's friend's son (eom-chin-a)[8]" who have achieved quite a bit of success socially. Studying abroad seems good because we only see

---

6. Not in Education, Employment or Training, NEET. A person who has completed compulsory education as prescribed by the country but does not go on to further education or get a job, nor does he/she receive vocational training

7. https://www.hikikomoriitalia.it

8. *Eom-chin-a* (엄친아), short for *eomma chin-gu a-deul* (엄마 친구 아들), which means the son of your mom's friend, is a Korean neologism that came into use from the act of Korean mothers comparing their children to their peers, and is used to refer to someone like "a perfect son," who is seen as more academically successful or wealthy and envied by their peers.

말이 좀 와닿는다면, 은둔이 생각보다 누구나 겪을 수 있는 세계적인 문제이기 때문에 지금 은둔을 겪고 있다면, '러키'라고 말씀드리고 싶습니다.

정소익

외로움은 누구나 어디서나 겪을 수 있고, 외로움을 해결하고 개선하고 벗어나는 과정에서 주변의 도움과 주변 관계의 정리가 굉장히 필요하다, 외로움이 은둔까지 가는 데에 주변과의 관계가 큰 영향을 미친다는 말씀이 중요하다고 생각합니다. 그리고 사회의 도움과 주변의 도움이 꼭 필요하다는 것이 오늘 우리가 나눌 이야기와 일맥상통한다는 생각이 듭니다.

success stories, but there are people who become reclusive in that situation. Some become reclusive after divorce. The probability of reclusion occurring in each life cycle is quite high. So, I think that if one experiences this first, he/she can adapt better to the life cycle later. Like the slogan used by the Not Scary Company, "The experience of reclusion is also a qualification," I think that the experience of reclusion instills things like the ability to resist and resilience in later life. So, if what I'm saying makes any sense, I'd like to tell them "If you're experiencing reclusion right now, you're lucky, because reclusion is a more global problem than you might think, and anyone can experience it."

SOIK JUNG

Loneliness can be experienced by anyone, anywhere, and in the process of resolving, improving, and overcoming loneliness, help from the people around you and organizing relationships with people around you are very necessary. It is important to say that relationships with people around you have a big impact on loneliness leading to reclusion. And the fact that help from society and people around you are absolutely necessary is in line with what we will be talking about today.

포럼: 첫 번째 논의

첫 번째 논의:
한국 청년의 외로움은 어떠한 모습인가

정소익

유승규 대표님의 이야기를 기억하면서, 패널 네 분을 모시고 좀 더 깊은 논의 나누겠습니다. 오늘 모신 패널은 김효진 위시빌더 대표님, 백희정 광주광역시은둔형외톨이지원센터[1] 센터장님, 서영석 연세대학교 교육학부 교수님, 최은수 고려대학교 심리학부 교수님입니다. 오늘 첫 번째로 논의하고자 하는 주제는 '한국인의 외로움은 어떤 것인가' 입니다. 특히 한국 청년의 외로움이 어떤 모습으로 나타나는지, 무슨 현상들이 나타나는지 이야기를 나누겠습니다.

한국의 문화특수적 외로움

서영석 교수님, 제가 전시 《외로움의 지형학》과 이 포럼을 준비하면서 교수님이 발표하신 연구 논문을 인상 깊게 보았습니다. 질적 연구한 논문[2]에서 한국인이 느끼는 외로움을 세 가지로 분류하셨어요. 관계 부재로 인한 외로움, 관계에서의 외로움, 마지막으로 실존적 외로움. 또 다른 논문[3]에서는 한국인의 외로움을 '한국의 문화특수적 외로움'이라고 이름 붙이면서 그 종류로 타인 지향적 외로움, 집단에서의 외로움, 융합에서의 외로움을 이야기하셨습니다. 한국의 문화특수적 외로움에 대해서 좀 더 자세하게 설명을 해 주실 수 있을까요?

1. https://gjtory.kr/
2. 안수정, 고세인, 김수림, 서영석. 2023. 한국인들이 경험하는 외로움(loneliness)에 대한 질적 연구. 『한국심리학회지: 상담 및 심리치료』, 35(1), 131-176.
3. 서영석, 안수정, 김현진, 고세인. 2020. 한국인의 외로움(loneliness): 개념적 정의와 측정에 관한 고찰. 『한국심리학회지: 일반』, 39(2), 205-247.

FIRST DISCUSSION: WHAT DOES LONELINESS LOOK LIKE AMONG KOREAN YOUTH?

SOIK JUNG

Remembering the story of Mr. You, let's have a more in-depth discussion with the four panelists. The panelists we have today are Dr. Hyo-jin Kim, CEO of WishBuilder; Ms. Heejung Paik, Director of Gwangju Hikikomori Support Center[1]; Professor Young Seok Seo, Department of Education at Yonsei University; and Professor Eunsoo Choi, School of Psychology at Korea University. The first topic I want to discuss today is what loneliness is for Koreans. In particular, we will talk about what loneliness looks like for Korean youth, and what phenomena it shows.

Korean culture-specific loneliness

Professor Seo, while I was preparing for the exhibition *Ministries of Loneliness* and this forum, I read your research papers and was impressed. In your qualitative research paper[2], you classified the loneliness that Koreans feel into three types: loneliness due to disconnection, loneliness in relationships, and lastly, existential loneliness. In another paper[3], you named the loneliness of Koreans "Korean culture-specific loneliness," and talked about its types of loneliness: other-oriented loneliness, collective loneliness, and fusional loneliness. Could

1. https://gjtory.kr/

2. Soo Jung An, Se In Ko, Su Rim Kim, Young Seok Seo (2023). A Qualitative Study of Loneliness among Koreans. *The Korean Journal of Counseling and Psychotherapy.* 35(1), 131-176.

3. Young Seok Seo, Soo Jung An, Hyun Jin Kim, Sein Ko (2020). Review on the conceptual definition and measurement of loneliness experienced among Koreans. *Korean Journal of Psychology: General.* 39(2), 205-247.

서영석

사회적 소외로 외로움

안녕하세요. 연세대학교 교육학부 서영석 교수입니다. 저는 학부에서 심리학을 전공했고 대학원에서는 상담을 전공했습니다. 주로 관계, 그중에서도 친밀한 관계에서 경험하는 애착, 이것이 미치는 영향을 연구합니다. 외로움에 관한 연구를 한 지는 얼마 안 됐습니다만, 힘들어하는 친구들을 대상으로 외로움과 연결된 현상들에 관해서 연구한 적이 있습니다. 우선, 집단 따돌림을 경험했던 60명의 청소년을 만나서 얼마나 외로운지, 어떻게 극복했는지, 어떻게 성장했는지 살펴보았습니다. 이 친구들을 만나서 면담하다 보니까 핵심적인 고통 중의 하나가 외로움이었어요. 처절하게 외로워했습니다. 또, 40명의 다문화가정 청소년을 만나서 인터뷰를 해 봤더니, 사회적으로 차별을 받았을 때 엄청난 정도의 외로움을 경험한다는 것을 알았고요. 외로움이라는 것이 소외된 청소년들에게 상당히 부정적인 영향을 미치는 감정이라고 생각했습니다.

외로움 연구하기

코로나19 팬데믹을 넘어오면서, 우리가 외로워하고 고립되는 것이 사회적인 현상이라는 것을 직감했고, 외로움의 모습이 어떨까, 외로움의 정의가 뭘까, 외로움이 무엇에 영향을 미칠까에 자연스럽게 관심을 두게 됐습니다. 처음에는, 외로움이 무엇인지, 외로움이 다른 비슷한, 예를 들어 고독과는 어떻게 다른 것인지에 관심을 두고서 드라마, 웹툰을 보고 문학 작품, 철학자들의 글도 읽어 보면서 외로움을 정리해 보려 했습니다. 외로움은 어떤 특징을 갖고 있는가, 그 외로움은 비슷한 고독, 고립이나 관계 불만족과 어떻게 구별이 되는가 등에 학문적으로 접근해서 논문도 썼습니다. 그러던 차에

you explain the loneliness of Korean culture-specific loneliness in more detail?

YOUNG SEOK SEO

Loneliness due to social exclusion

Hello everyone. I am Professor Seo from the Department of Education at Yonsei University. I majored in psychology as an undergraduate and counseling as a graduate student. I mainly study relationships, especially the attachment experienced in intimate relationships, and the impact of this. It has not actually been that long since I have studied loneliness, but I have studied the phenomena related to loneliness with people who are having a hard time. First, I met 60 youth who had experienced group bullying and looked at how lonely they were, how they overcame it, and how they grew. When I interviewed them, I found that one of their core pains was loneliness. They were desperately lonely. In addition, when I interviewed 40 youth from multicultural families, they said that they experienced a tremendous amount of loneliness when they were socially discriminated against. So, I thought that loneliness is an emotion that has a very negative impact on marginalized youth.

Researching loneliness

As we went through the COVID-19 pandemic, I felt that we were quite lonely and isolated, and that this was a social phenomenon, so I naturally became interested in what loneliness looks like, what the definition of loneliness is, and what loneliness affects. At first, I was interested in what loneliness is, and how loneliness differs from other similar feelings, such as solitude, and tried to analyze loneliness by watching dramas, webtoons,

주변을 둘러봤더니, 외로움을 연구하는 사람이 없었습니다. 참 외로웠습니다. 외로움을 연구하는 게 외롭습니다. 그런데 갑자기 정소익 박사님께서 이 포럼을 하자고 하셔서, 이게 나만 관심 있는 현상은 아니구나, 외로움이 코로나 19 팬데믹을 넘어오면서 상당히 보편화된 감정이고 관심을 가져야 하는 감정이구나 생각했습니다.

제가 이 포럼을 준비하기 위해서 한 달 전부터 청년들이 경험하는 외로움이 무엇인지, 이들은 외로움을 뭐라고 정의하는지, 언제 외로워하는지, 외로움의 영향은 무엇인지, 외로움에 어떻게 대처하는지, 청년들은 외로움의 사회문화적인 요인이 무엇이라고 생각하는지를 계속 물어봤습니다. 개인적으로 만나서 물어보고, 문헌도 찾아보고, 또 이번 겨울 계절학기에서도 물어봤죠. 프로젝트를 시켰는데, 이 친구들이 성적 받기 위해서 엄청 열심히 했습니다. 그 결과를 제가 지금까지 5년 동안 연구해 온 것에 생생하게 붙여서 한국 청년들이 경험한 외로움의 종류, 특징, 영향, 개선책 등을 분석하고 요약하고 종합한 것을 이 자리에서 이야기할 수 있어서 참 다행이라고 생각합니다.

제가 진행한 계절학기 수업에 총 34명의 연세대학교 학생이 참여했는데 이들에게 6가지 질문을 줬습니다. 외로움이 무엇인가, 언제 외로워하는가, 외로움의 영향이 무엇인가, 어떻게 대처하는가, 사회문화적인가. 그리고 이 친구들에게 18세에서 25세 사이의 청년들을 대상으로 면담이든 설문이든 마음대로 해 보라 했습니다. 그랬더니 신입생, 기숙사에 사는 친구, N수생, 복학생, 취업준비생, 학원에 다니는 친구들, 1인 가구 등 굉장히 다양한 친구들 150명 정도를 심층면접하거나 설문조사했습니다.

reading literary works, and reading philosophers' writings. I approached loneliness academically and wrote articles on what characteristics loneliness has, and how loneliness is distinguished from similar feelings of loneliness, such as isolation, and relationship dissatisfaction. Then, I looked around and saw that there was no one studying loneliness. I was so lonely. It is lonely to study loneliness. Then, suddenly, Dr. Jung asked me to hold this forum. I realized that this was not a phenomenon that only I was interested in, that loneliness was a fairly common emotion as we went through the COVID-19 pandemic, and that it is an emotion we should be interested in.

In preparation for this forum, I have been asking young people about what loneliness they experience, how they define loneliness, when they feel lonely, what the effects of loneliness are, how they deal with loneliness, and what they think the socio-cultural factors of loneliness are. I met and asked them in person, and I searched for literature. I also asked them during this winter semester. I assigned projects for the students. They worked very hard in order to get good grades. I feel fortunate to be able to vividly attach the results to what I have been researching for the past five years, then to analyze, summarize, and synthesize the types, characteristics, impacts, and solutions to the loneliness experienced by Korean youth and talk about them here.

A total of 34 Yonsei University students took the winter semester class that I taught, and I asked them six questions: What is loneliness? When do you feel lonely? What are the effects of loneliness? How do you deal with it? Is it socio-cultural? Then I asked them to interview or survey young people between the ages of 18 and 25. They conducted in-depth interviews or surveys with about 150 people, including freshmen, friends living in

원하는 만큼 채워지지 않으면 외롭다

일단 청년들은 앞서 유승규 대표님께서 말씀하신 것처럼 뭔가 부족하면 외로워했습니다. 가까운 사람이 있으면 좋겠다, 그래서 뭔가 나누고 공유하고 자신의 아픔을 함께할 수 있는 사람이 있으면 좋겠다는 생각이 드는데 그런 사람이 없으면 외로워합니다. 그런데 그런 관계가 있을 때도 외로워했습니다. 기대가 큰 것이죠. 가까운 관계니까 자신이 좀 공감받고 싶고, 위로받고 싶고, 지지받고 싶은데 안 주는 겁니다. 자신이 원하는 만큼 안 줄 때, 그때 느끼는 외로움의 강도가 더 컸습니다. 관계가 없을 때도 외로워하는데 관계가 있을 때도 자신이 원하는 만큼 뭔가를 받지 못해서 또 외로워했습니다.

외로움은 감염되지 않는다

그리고 청년 10명 중 6명이 외롭다고 했습니다. 한국 청년들이 외로워하는 비율이 굉장히 높아요. 이 친구들이 가져온 결과 중에 '한국 청년들의 외로움은 감염되지 않는다'라는 발표가 있었습니다. 이게 무슨 말일까요? 한국 청년들이 경험하는 외로움은 감염된 것이 아니다, 각자 외로워하는데 그게 전염이 안 된다. 이게 무슨 말일까 생각했더니, 다들 외로워하는데 외롭다고 표현도 안 하고, 공유도 안 하고, 다른 사람이 외로운지도 모른다는 이야기였습니다. 각자 외로워하는 한국 사람들은 외로움을 정말 외롭게 경험하는구나 싶었어요. 이 말이 가장 인상 깊었습니다. 또, 외로워하지 않는 친구도 있었고, 정말로 외로워서 끔찍하다고 호소하는 친구도 있었고요. 청년들이 겪는 외로움의 스펙트럼은 너무나 다양했습니다.

외로움은 결핍이고 상실이다

외로움이 무엇인지, 외로움의 특징이 무엇인지도 물어봤습니다.

dormitories, repeaters, returning students, job seekers, friends attending private academies, and single-person households.

Loneliness from the lack of fulfilment

First of all, as Mr. You said earlier, Korean youth felt lonely when they lacked something. They thought it would be nice to have someone close to them, someone they can share something with and share their pain with, but if they didn't have that person, they felt lonely. But even when they had that kind of relationship, they felt lonely. Actually, their expectations were high. Because they are close to each other, they wanted to be sympathized with, comforted, and supported, but they didn't give to each other. When others didn't give as much as they wanted, the loneliness they felt was even stronger. They felt lonely when they were not in a relationship, but when they were in a relationship, they felt lonely again because they didn't receive as much as they wanted.

Loneliness is not contagious

And six out of ten Korean youth said they were lonely. The rate of loneliness of Korean youth is very high. Among the results brought by students, there was the statement "Korean youth's loneliness is not contagious." What does this mean? The loneliness experienced by Korean youth is not contagious, each person is lonely, but it is not contagious? I realized it means that they are all lonely, but they do not express it, do not share it, and do not know that others are lonely. I thought that Korean people who are lonely individually experience loneliness in a very lonely way. This statement was the most impressive. Moreover, some said that they were not lonely, and some complained that they were really lonely

그랬더니, '외로움은 편치 않다', 외로움을 느끼면 편하지 않다고 했습니다. 좀 불편하답니다. 어떤 친구들은 '좀 아파요'. 외로우면 조금 아프답니다. 그리고, 외로움의 근본적인 특징이, 뭔가 '결핍되어 있다', 자신은 누구로부터 위로받고 싶고, 공감받고 싶고, 이해받고 싶고, 승인받고 싶고, 관계에서 원하는 게 아주 많은데, 아니 그런 거 안 줘도 관계가 있으면 좋겠는데, 뭔가 부족한 겁니다. 없는 겁니다. 그런데, 있다가 없으면 너무 외롭답니다. 그러니까 '외로움은 상실이다', 결핍이고 상실입니다. 그게 또 아프답니다.

SNS로 악화되는 비교로 인한 외로움

그다음에, 아마 이 부분으로 수렴될 듯한데, 한국 청년들이 경험하는 외로움의 가장 큰 특징이 '격차의 외로움' 같아요. 한국 청년들은 뭔가 뒤떨어진다, 뭔가 격차가 있다고 느껴질 때 가장 큰 외로움을 경험했습니다. 다른 사람과 비교했을 때 자신이 좀 뒤떨어진다는 생각이 들고, 그러면 외롭다고 했습니다. 그 비교의 핵심은 결국 SNS였습니다. SNS에서 무엇을 하는가, SNS에 왜 들어가냐 물었더니, 외롭고 뭔가 관계를 형성하고 유지하기 위해서라고 답했습니다. 그런데 SNS에 들어가면 들어갈수록 더 외롭다고 합니다. 왜 SNS에서 외롭냐고 또 물었더니, 좋은 모습, 행복하게 사는 사람들의 모습과 자신을 자꾸 비교하다 보니까 자기는 부족하고, 거리감이 느껴지고, 격차가 느껴진다고 했습니다. 저는 이것을 '타인 지향적 외로움'이라고 이름을 붙였어요. 이탈리아에도 있을 거고, 다른 외국에도 있겠습니다만, 한국인들은 굉장히 성취 지향적이고 경쟁 지향적이고 비교를 엄청나게 많이 하다 보니 자신만 뒤처져 있다고 생각하면 너무 큰 외로움을 경험했습니다. 또, 목표와 성취 간 격차도 중요합니다. 한국 청년들은 목표를 너무 높게 설정해요. 이거 달성해야 돼,

and it was terrible. The spectrum of loneliness that Korean youth experience was very diverse.

Loneliness as a lack and a loss

I also asked what loneliness is and what its characteristics are. They said, "loneliness is uncomfortable." They said that they are not comfortable when they feel lonely. A bit uncomfortable. Some said, "It hurts a bit." When they are lonely, it hurts a bit. And, the fundamental characteristic of loneliness was that something is "lacking." They wanted to be comforted by someone, to be sympathized with, to be understood, to be approved. Or, even if those things were not given, they still wanted to have relationships, but something was lacking. Missing. When relationships were there and then gone, they felt so lonely. So, "loneliness is loss." It's a lack and a loss. And that hurts too.

Comparison-induced loneliness exacerbated by SNS

And, I think it will probably converge on this point. The biggest characteristic of loneliness that Korean youth experience seems to be loneliness from the gap. Korean youth experienced the greatest loneliness when they felt that they were falling behind or that there was a gap. When they compared themselves to others, they felt that they were somewhat behind, and then they were lonely. And the core of that comparison was ultimately SNS. When I asked them what they do on SNS and why they go on SNS, they said that it is because they are lonely and want to form and maintain some kind of relationship, but that the more they go on SNS, the lonelier they feel. I asked them again why they are lonely on SNS. They said that because they keep comparing

어디까지 해야 돼. 그런데 자신이 성취하지 못하면 그 격차로 인해 또다시 거리감을, 외로움을 경험합니다. 한국 청년들이 경험하는 외로움의 가장 큰 특징은 이렇게 격차로 인한 외로움, 타인 지향적인 외로움이라고 생각해요.

<u>함께 있어서,
함께 있지 못해서 외롭다</u>

한국 청년들이 경험하는 외로움의 특징 또 하나는 '집단과의 관계'에 있었어요. 어떤 의미를 부여하는 집단에 속하고 싶은 마음이 너무 큰데, 여기에 속하지 못했을 때 엄청난 결핍과 거리감을 느꼈습니다. 제가 연구했던 집단 따돌림을 경험한 친구들의 외로움도 집단에 소속되지 못한, 배제된 고통의 경험이었고, 이번 수업을 통해서도 한국 청년들이 집단에 대한 외로움을 너무 강하게 경험하는 것을 보았습니다. 한국의 집단주의 문화가 좋은 점도 있지만 안 좋은 점이, 집단에 소속되어 있음에도 불구하고 그 집단 안에서 자신이 드러나지 않고, 자신의 목소리가 묻히고, 자신만의 반짝반짝 빛나는 표정 같은 자신의 정체감이 없다고 느낄 때가 있다는 거예요. 그때는 집단에 소속되어 있음에도 불구하고 외로움을 느꼈습니다. 관계 지향적이어서 집단에 대해 눈치를 많이 보는 한국 청년들은 이렇게 집단에 대한 외로움뿐 아니라 집단에 소속되어 있음에도 불구하고 자신의 개성이 두드러지게 드러나지 않는 상황에서도 외로움을 경험한다고 말합니다.

결론적으로, 한국 사람들만 경험하는 외로움이라고 볼 수는 없지만 매우 강하고 독특하게 경험하는 청년들의 외로움을 정리하자면, 관계가 없어도 외로움을 경험하고, 관계 안에서 기대하는 그 충족까지 갈 수 없어도 외로움을 경험하고, 집단에 소속되지 못해서도 외로움을 경험하고, 집단에 소속되어서도 외로움을 경험하고, 비교와 그로 인한 격차로 외로움을

themselves to people with good, happy looking lives, they feel inadequate, distant, and feel a gap. I named this loneliness *other-oriented loneliness*. It may exist also in Italy, and in other countries, but Koreans are very achievement-oriented, competitive, and compare themselves to others. So, when they felt that they were the only ones left behind, they experienced a great sense of loneliness. Then, the gap between goals and achievement was important. Korean youth set extremely high goals. "I have to achieve this, I have to go this far." But when they failed to achieve this, they experienced a sense of distance and loneliness due to that gap. I think that the biggest characteristic of the loneliness that Korean youth experience is this loneliness due to the gap, or other-oriented loneliness.

Lonely being together, and lonely not being together

Another characteristic of loneliness that Korean youth experience was in relationships. Korean youth wanted to belong to a group that gives them some meaning, but when they did not belong, they felt a great sense of lack and distance. The loneliness of 60 youth who experienced group bullying that I studied was an experience of suffering from exclusion due to not belonging to a group. Also, through this class, I saw again that Korean youth experience loneliness regarding groups too strongly.

There are good things about Korean collectivist culture, but the bad thing is that even though they belong to a group, they feel that they are not seen within the group, their voices are buried, and they feel that they do not have their own identity, such as their own sparkling expressions. In those cases, they felt lonely despite belonging to the group. Korean youth who are relationship-oriented and are often very self-consciously

경험하고, 이렇게 다양한 정도로 경험한다고 하겠습니다.

정소익

2018년에 세계에서 처음으로 영국에서 외로움부가 만들어진 이후 2023년도까지 네 개의 연말 보고서가 나왔습니다. 제가 그 자료들을 보면서 느낀 바는 그들이 분석하는 외로움의 원인과 현상, 정책, 그리고 정부의 사회복지 서비스가 거의 다 관계 단절, 즉 관계가 없는 것에서 오는 외로움을 해소하고자 한다는 겁니다. 사람들이 서로 비교하면서 섞여 있어서 겪는 외로움에 관한 이야기는 없었어요.

그래서 제가 교수님 논문을 보고 지금 하신 말씀 들으면서, 이게 정말 한국만의 특수한 상황인가 하는 의문이 생겼습니다. 교수님께서 보기에, 한국의 문화특수적 외로움과 관계 단절로부터 외로움 간 비중이 어떻게 될까요? 관계 단절로부터 오는 외로움이 훨씬 더 크지만, 한국의 문화특수적 외로움이 우리에게 주는 시사점이 더 큰 걸까요? 아니면 양적으로도 한국의 문화특수적 외로움이 더 큰 걸까요?

서영석

<u>한국에서 더 절절히 느끼는
타인 지향적 외로움</u>

제 학생들이 총 17개 팀으로 나누어져서 청년 150명을 만나고 인터뷰하고 설문조사를 했는데, 17개 팀 모두 타인 지향적 외로움, 비교로 인한 외로움을 드러냈습니다. 청년들은 외로움에 대처하는 방법을 아주 많이 가지고 있습니다. 그냥 잔다, 운동한다, 음악 듣는다, 친구 만난다, 다양한 다른 것에 몰두한다, 내가 혼자 견디겠다… 그러니까 관계가 있거나 관계에 만족하지 못할 때 외로움을 느끼지만 그건 자신들이 어느 정도 견디겠다고 했습니다. 그러나 이 타인 지향적

perceptive (nunchi) about the group said that they experienced loneliness not only from the group, but also in situations where their individuality is not prominently expressed despite belonging to the group.

So, summarizing the loneliness that Korean youth experience, although it cannot be said to be a loneliness that only Koreans experience very strongly and uniquely, they experience loneliness when they don't have relationships, when they cannot meet the expectations within a relationship, when they do not belong to a group, but also when they belong to a group, and due to comparisons and the gap that results therefrom. I would say that Korean youth experience loneliness in these very different degrees.

SOIK JUNG

Since the Ministry of Loneliness was first established in the UK in 2018, four annual reports have been published until 2023. As I looked at them, I felt that the causes and phenomena of loneliness that they analyzed, and the policies and government social welfare services were almost all aimed at resolving loneliness that comes from disconnection, that is, from having no relationships. There was no talk about the loneliness that people experience when they are mixed together and compared to each other.

So, as I read your papers and listened to what you just said, I wondered if this was really a special situation unique to Korea. In your opinion, what is the ratio between this Korean culture-specific loneliness and the loneliness from disconnection from relationships? The loneliness from the disconnection from relationships is much greater, but does the Korean culture-specific loneliness lead to greater implications? Or is the Korean culture-specific loneliness quantitatively greater?

YOUNG SEOK SEO

외로움은 개인적인 문제만이 아니어서, 우리 사회에서 이걸 어떻게 해결해야 할지 질문했습니다. 주거 문제 해결해 주세요, 일자리 부족해요, 그런 것 때문에 외롭습니다, 자기는 특정 학과가 아니어서 성공하지 못할 것 같아요, 그래서 외로워요, 그런데 이런 문제를 개인이 어떻게 해결하나요, 이런 대답까지 있었습니다. 다른 나라에서는 얼마나 강한지 모르겠지만, 한국 청년들이 결국 이 타인 지향적 외로움을 지목하고 있었습니다. 타인 지향적인 외로움, 비교와 격차로 인한 외로움을 절절하게 느끼고 있는 거죠. 청년들은 관계의 결핍이나 관계 부재로 인해서 느끼는 외로움을 당연히 경험하고 그 외로움이 많고, 강도로 보자면 타인 지향적 외로움으로 상당히 좌절하고 있고 무기력함을 느끼고 있다고 봅니다. 그렇다면 어떻게 해야 할까요? 청년들은 연대와 공동체를 이야기했습니다. 모여야 한다, 청년들이 모여야 한다, 모여서 우리끼리 뭘 해야 한다, 연대감, 소속감, 연계감, 이런 이야기를 한다는 것이죠. 청년들이 자기 해결책으로서 스스로 같이 모여서 뭔가를 해야 한다고 인식하고 있었습니다.

정소익

<u>한국인의 우리성,
규범과 외로움</u>

우리는 앞으로 어떻게 할 것인가에 대한 이야기는 두 번째 논의에서 더 나누겠습니다. 서영석 교수님께서 지적해 주신 대로, 그리고 우리가 익히 피부로 느끼고 있는 대로, 한국의 집단주의, '우리성',[4] 이 '우리'라는 개념이 한국 사회 기저에 깔린 가치인

4. 심리학 분야에서는 '우리성'(we-ness)이라는 개념을 통해 한국인의 집단주의를 설명한다. '우리성'은 한국인의 대표적인 집단주의 정서이다. 서양의 집단주의가 구성원들의 공통점과 자율성에 근거한 개인화된 집단주의(individuated collectivism)인 반면, 한국인들의 집단주의는 상호의존성과 정(情)이라는 정서에 기반한 관계적 집단주의(relational collectivism)이다. 한국인들의 사회적 관계에 있어 가장 중요한 목적은 '우리' 집단을 만들고 유지하는 것이며, '우리' 관계가 형성되면 정(情)이 교류될 수 있는 조건이 마련된다. 한국인들은 처음 만나면 공통점을 찾기 위해 노력하는데, 공통점을 찾는 것은 '우리' 관계를 시작하기 위한 '객관적 단서'(objective cue)를 찾기 위한 노력이며, 우리 관계가 형성되면, 비로소 정(情)을 나눌 수 있게 된다. 출처: 양정은. 2019. 한국적 집단주의(우리성, we-ness)가 대인 커뮤니케이션에 미치는 영향에 대한 연구. 『한국콘텐츠학회논문지 '19』. https://doi.org/10.5392/JKCA.2019.19.05.001

<u>Other-oriented loneliness is felt
more desperately in Korea</u>

My students were divided into 17 teams, and they interviewed and surveyed 150 youths. All 17 teams revealed other-oriented loneliness and comparison-oriented loneliness. Korean youth have many ways to deal with loneliness. They just sleep, exercise, listen to music, meet friends, indulge in various other things, and say they will endure it alone... Being in a relationship or not being satisfied with their relationship, they felt lonely, but they would endure it to some extent. However, this other-oriented loneliness is not only a personal problem, so the students asked how our society can solve it. They even said, "Please solve the housing problem. There are not enough jobs, I am lonely because of that. I don't think I will succeed because I am not majoring in a certain thing, so I am lonely, but how can individuals solve these problems?" I don't know how strong this other-oriented loneliness is in other countries, but Korean youth were ultimately pointing it out. They felt desperately about other-oriented loneliness, loneliness caused by comparisons and the resulting gaps. Korean youth naturally experience loneliness due to the lack of relationships or the dissatisfaction from relationships, and that loneliness is strong, while in terms of intensity, I think they are quite frustrated and feel helpless due to other-oriented loneliness. So what should we do? They talked about solidarity and the youth community: we need to come together, the youth need to gather, we need to do something together, solidarity, the sense of belonging, the sense of connection. Korean youth were recognizing that they need to gather together and do something as their own solution.

SOIK JUNG

<u>Korean *we-ness*, norms, and loneliness</u>

듯합니다. 최은수 교수님께서는 한국인의 규범을 연구하고 계십니다. 한국인의 규범, 한국인이 규범을 받아들이는 방식과 연결해서 한국 청년들이 외로움을 느끼고 은둔하는 현상, 사회에서 자신을 극단적으로 철수시키는 현상을 풀어 주시면 좋겠습니다.

최은수

<u>외로움, 근대적인 감정</u>

저는 고려대학교 심리학부에서 비교문화 심리학을 주로 연구하면서 가르칩니다. 외로움 전문가가 아니어서 이 기회를 빌려 책과 자료들을 읽어 보고 찾아보았습니다. 외로움이라는 정서, 경험 상태를 언제부터 사람들이 많이 이야기하기 시작했는지 문헌 연구에서 보니, 18세기 말 이후부터 본격적으로 '외로움'이라는 단어가 사용되기 시작했다고 합니다. 전통적인 사회, 농업사회에서는 사람들이 홀로 있는 상태가 아주 드물기도 했고 외로움이 꼭 그렇게 부정적인 상태가 아니었는데, 도시화가 진행되고 산업화가 진행되면서, 개인이 어떤 마을 집단으로부터 분리되기 시작하면서 외로움이 고통으로 느껴졌다고 분석하고 있습니다. 그만큼 외로움이 지금은 보편적인 감정이지만 사회문화적으로는 매우 근대적인 감정이죠.

<u>집단주의 문화,
끊임없는 비교에서 오는 외로움</u>

그런 측면에서, 사실 동양적인 문화, 집단주의적인 문화가 이 외로움을 좀 완충시키는 역할을 할 수도 있습니다. 실제로 연구들은 관계 지향적이고, 타인을 배려하고, 집단 내에서 조화를 중요하게 생각하는 집단주의 문화권일수록 전반적으로 외로움 수준은 낮다고 보고하고 있습니다. 그런데,

We will discuss more about what to do in the second discussion. As Professor Seo pointed out, and as we all know firsthand, Korean collectivism, *we-ness*[4], this concept of we seems to be the underlying value of Korean society. Professor Choi, you are interested in and research Korean norms. I would like you to explain the phenomenon of Korean youth feeling lonely and being reclusive, the phenomenon of extreme withdrawal from society, by connecting it to Korean norms and the way Koreans accept norms.

EUNSOO CHOI

<u>Loneliness, a modern emotion</u>

I teach and research cross-cultural psychology at the School of Psychology at Korea University. Since I am not an expert on loneliness, I took this opportunity to read books and research materials. When I looked into the literature to see when people began to talk about the emotion and experience of loneliness, I found that the word "loneliness" began to be used in earnest after the end of the 18th century. In traditional societies, agricultural societies, people were rarely alone, and loneliness was not

---

4. In the field of psychology, the collectivism of Koreans has been explained through the concept of "we-ness." "We-ness" is a representative collectivistic emotion of Koreans. While Western collectivism is an individualized collectivism based on the commonalities and autonomy of members, Korean collectivism is a relational collectivism based on the emotions of interdependence and affection. The most important goal in the social relationships of Koreans is to create and maintain a "we" group, and when a "we" relationship is formed, conditions are created for the exchange of affection. When Koreans first meet, they try to find commonalities, and finding commonalities is an effort to find an "objective cue" to start a "we" relationship, and when a "we" relationship is formed, they can finally share affection. The components of we-ness are largely divided into emotional we-ness and instrumental we-ness. If emotional self-esteem is based on the emotional satisfaction (such as affection) and sense of belonging that we feel through our consciousness, instrumental self-esteem can be seen as based on the functional satisfaction that we obtain through our group.
(source: Jungeun Yang. (2019). The influence of Korean collectivism (uri, we-ness) on interpersonal communication behaviors. *The Journal of Korea Contents Association*. https://doi.org/10.5392/JKCA.2019.19.05.001)

과연 집단주의적인 문화 특성을 가진 한국이 덜 외로우냐고 묻는다면 거기에는 고개를 갸우뚱할 것 같아요. OECD Better Life Index[5] 조사의 공동체 관련 데이터를 보면, 곤란한 상황에 부닥쳤을 때 도움을 청할 가족이나 친구가 있냐는 질문에 그렇다고 대답한 사람들의 비율이 경제협력개발기구(OECD) 국가 41개국 중에 가장 하위권에 있는 게 한국입니다. 한국이 집단주의적인 문화 지대인 것은 맞지만, 동시에 기댈 사람이 없다고 느끼는 사람들도 매우 많다는 것입니다. 이 집단주의적인 문화의 양면성으로 한국인의 외로움을 이해할 수 있습니다. 집단주의적 문화의 부정적인 측면은 자기를 정의할 때 타인과의 관계를 통해서 정의하고, 타인의 관점에 굉장히 민감하고, 그리고 그 사회에서 공유되고 있는 어떤 규칙, 규범에 굉장히 민감해서 지나치게 타인 지향적인 관점을 가지게 되는 것입니다. 내가 지금 제대로 행동하고 있나, 적절한 삶을 살고 있나 등을 파악하기 위해서 끊임없이 사회적으로 비교하게 됩니다. 서영석 교수님 말씀처럼 끊임없이 자신의 위치를 주변 사람들과 비교하는 과정에서 그 격차를 느낄 수밖에 없고, 그 격차를 지각할 때 오는 부적절한 감정, 이것이 외로움과 연결된다고 생각합니다.

<u>경직된 한국 문화 안에서
느끼는 '부적절함'</u>

모든 집단주의적인 문화가 다 강한 규범을 가지는 것은 아니라고 알려져 있습니다. 규범이 빡빡하다, 경직되어 있다, 이런 표현을 쓰는데 한국은 집단주의적이기도 하고 규범이 매우 경직된 나라로 알려져 있습니다. 세계 국가들을 대상으로 문화적

5. https://www.oecdbetterlifeindex.org/ OECD Better Life Index는 2011년 5월 경제협력개발기구(OECD)에서 만든 것으로, 경제 및 사회적 진보의 여러 측면을 더 잘 포착하는 경제 지표 개발을 선도하는 이니셔티브이다. 이 이니셔티브의 목표는 환경적 지속 가능성, 웰빙 증가, 불평등 감소, 시스템 회복력이라는 4가지 핵심 영역에 초점을 맞춰 성장을 더 잘 반영할 수 있는 사회 및 웰빙 지표를 개발하는 것이다.

necessarily such a negative state. However, as urbanization and industrialization progressed, loneliness was analyzed as the pain felt when individuals began to separate from certain village groups. In that sense, loneliness is a universal emotion now, but it is a very modern emotion in terms of socio-cultural aspects.

Loneliness from a collectivistic culture and constant comparison

In that sense, East Asian culture, collectivistic culture may actually play a role in buffering this loneliness. In fact, studies have reported that the level of loneliness is lower overall in collectivistic cultures that are relationship-oriented, considerate of others, and value harmony within the group. However, if you ask whether Korea, which has collectivistic cultural characteristics, is less lonely, that might also make you wonder. When the OECD Better Life Index[5] data about the community asked whether there are family or friends to ask for help when faced with a difficult situation, the percentage of Koreans who answered yes is the lowest among the 41 OECD countries. Korea has a collectivist culture, but there are also many people who feel that they have no one to lean on. We can understand the loneliness of Koreans as the double-edged sword of collectivist culture. The negative side of collectivist culture is that one defines oneself through relationships with others, is very sensitive to others' perspectives, and is also very sensitive to certain rules and norms shared in that society, which leads to an overly other-oriented perspective. In order to figure out whether I am acting properly or living an appropriate life, I constantly

5. The OECD Better Life Index was created by the Organisation for Economic Co-operation and Development (OECD) in May 2011, and is an initiative to develop economic indicators that better capture various aspects of economic and social progress. The goal of this initiative is to develop social and well-being indicators that can better reflect growth by focusing on four key areas: environmental sustainability, increased well-being, reduced inequality, and system resilience.

경직성(Cultural Tightness)을 조사해 보면 가장 경직된 문화를 가지고 있는 국가들은 이슬람 문화권이었고 그다음에 싱가포르 같은 나라가 있고, 그다음이 한국이에요. 한국이 중국이나 일본 등 다른 집단주의적인 문화에 비해서 훨씬 더 경직된 규범을 갖고 있다는 이야기죠. 그러니까, 한국에서는 지켜야 하는, 도달해야 하는 어떤 기준이 굉장히 명확하고, 기준에 도달하지 못했을 때 그로부터 얻는 불이익이 너무 큰 것입니다. 아주 단순하게 말하면 정답이 굉장히 명확한 사회이므로 정답에 도달하지 못한 경우에는 부적절한 감정을 느낀다는 것입니다. 그런데, 한국의 사회 구조를 보면 이 정답의 삶, 규범적인 삶을 살 수 있는 사람들은 사실 아주 소수에 불과해요. 쉬운 예로, 대부분이 가고 싶어 하는 대학교, 소위 명문대라고 알려진 SKY의 입학 정원이 50만 명 중에 단 1만 명 정도입니다. 그러니까 '50분의 1'만 규범 안에 있습니다. 규범적이라는 말이 평균적이라는 뜻으로도 치환되어 사용되니까, 50분의 1만 평균적이라는 겁니다. 나머지 50분의 49의 삶은 평균적이지 않고, 결국 그 규범에서 벗어나 있을 수밖에 없어요. 거기서 오는 부적절한 느낌, 타인에게 인정받지 못하고 자신이 충분한 가치를 갖고 있지 않다는 느낌, 자신이 쓸모없는 존재라는 느낌, 그런 느낌을 외로움이라고 표현하고, 외롭다는 경험이 된다고 생각합니다. 물론 집단주의적인 문화가 타인과의 관계를 중요시하기 때문에 완충 작용을 할 수도 있지만 동시에 아주 빡빡한 규범을 가지고 있는 한국 문화에서는 그만큼 자신이 부적절하고 충분하지 못하다고 느낄 확률이 아주 높아요. 특히 청년들이 이 감정에 굉장히 취약할 수밖에 없는 사회 구조라서, 한국 문화의 특수적인 모습으로 외로움이 경험되는 것이 아닐까 합니다.

정소익

두 교수님께서 연구를 통해 정리해 주시고 의미를 설명해 주셔서 한국 청년들이 느끼는 외로움의 배경을 더 명확하게

compare myself socially. As Professor Seo said, in the process of constantly comparing one's position with those around you, one cannot help but feel the gap, and the inadequate feelings that come from perceiving that gap are connected to loneliness.

<u>Feeling inadequate
in a rigid Korean culture</u>

It is known that not all collectivist cultures have strong norms. Expressions such as norms are tight or rigid are often used, and Korea is known as a country that is both collectivist and very rigid in its norms. When we look at cultural tightness in countries around the world, the countries with the most rigid cultures are Islamic cultures, followed by countries like Singapore, and then Korea. This means that Korea has much more rigid norms than other collectivist cultures like China or Japan. In other words, there are very clear standards that must be maintained and reached in Korea, and the disadvantages of not reaching the standards are very great. Simply saying, Korea is a society where the right answer is very clear, so if you do not reach the right answer, you feel inadequate emotions. However, looking at the social structure of Korea, there are actually only a very small number of people who can live this normative and correct life. For example, the admission quota for the universities that most people want to go to, the so-called prestigious universities known as SKY, is only about 10,000 out of 500,000. Only 1/50th would be within the norm. In other words, since the word *normative* is sometimes used interchangeably to mean *average*, only 1/50th is average. The remaining 49/50th of people are not average, most people have no choice but to deviate from that norm. There should be the feeling of inadequacy that comes from that, the feeling of not being recognized by others and not having enough value, the feeling of being useless. I think such feelings are expressed

이해했습니다. 현장에서는 이런 외로움이 어떤 모습으로 나타나는지도 궁금합니다. 백희정 센터장님, 광주에서 은둔형외톨이지원센터 사업을 하고 계십니다. 지역별로 차이가 있을 수도 있고, 상황들과 스펙트럼이 다양할 텐데, 실제로 현장에서 경험하신 청년들의 이야기, 청년들의 외로움의 사례나 시사점이 있을까요?

백희정

<u>광주광역시은둔형외톨이지원센터</u>

저는 광주광역시은둔형외톨이지원센터에서 일하고 있습니다. 광주가 전국에서 최초로 센터를 만들어서 약 3년 동안 은둔하고 있는 청년과 장년, 10대까지 다 지원하고 있습니다. 저희가 이들을 만나면서 우리 사회가 정말 엄청 많이 바뀌어야 하겠구나, 이렇게 가다가 큰일 나겠다, 그런 생각을 자주 했어요. 외로움이 사전적으로는 '홀로 돼서 쓸쓸한 마음이나 그런 느낌'이라고 간단하게 정의되지만, 저는 한국에서 외로움을 언제 느끼게 되는지, 어떨 때 느끼게 되는지와 같이 더 구체적인 관점을 가지고 은둔하고 있는 이들을 찾아가는 것이 필요하다고 생각했습니다. 그렇게 찾아가는 것이 조금이나마 이들이 은둔을 극복하고 외로움을 해소하는 데 도움을 줄 수 있다고 봤으니까요.

<u>소통의 어려움에서 오는 외로움</u>

많은 이들이 타인과 소통하지 못하는 어려움과 대인관계에 대한 어려움을 아주 많이 이야기합니다. 내가 혼자구나, 내가 고립 상태에 있다, 이런 생각이 들 때 많이 외로움을 느끼는 것 같아요. 선후 관계가 바뀔 수는 있지만, 외로움을 계속 느끼는 사회일수록 외부나 다른 사람과 소통하기가 더 어렵고, 그 결과로 은둔의 현상이 나타나는 듯합니다.

as loneliness, and they become experiences of loneliness. Of course, since collectivistic culture values relationships with others, it can act as a buffer, but at the same time, in Korean culture with very strict norms, the probability of feeling inadequate and not being enough is very high. In particular, since Korean social structure is such that young people are extremely vulnerable to this feeling, loneliness would be experienced as a unique aspect of Korean culture.

SOIK JUNG

The two professors organized the research and explained the meaning, so I could understand the background behind the loneliness felt by Korean youth much more clearly.

Then, I wonder how this loneliness appears in the field. Director Paik, you work at the Gwangju Hikikomori Support Center. There may be differences by region, and the situations and spectrums will be diverse. Are there any stories and implications of loneliness of Korean youth that you have witnessed?

HEEJUNG PAIK

<u>Gwangju Hikikomori Support Center</u>

I work at the Gwangju Hikikomori Support Center. Gwangju was the first city in Korea to create this center, and for about three years, we have been supporting young people, middle-aged people, and teenagers who are reclusive. When we met these people, I often thought that our society really needed to change a lot, and that if we continued like this, something big would happen. Loneliness is defined in the dictionary in simple words as "sadness felt because one has no friends or anyone to talk to." However, I thought it is necessary to meet recluses with a specific, more detailed perspective, such as when and how they feel lonely in Korea. In this way we could

개인 문제가 아니라 사회 문제

저희는 지난 3년 정도 동안 115명 정도의 은둔자들을 발굴하고 지원했습니다. 문의하는 사람들과 센터에서 지원하는 상담 프로그램, 외부 활동 프로그램, 사회생활 연습, 일 경험 등에 참여하는 사람들을 다 만나고 있습니다. 저희가 은둔하는 원인을 물었을 때 이들이 가장 많이 이야기하는 것은 개인적인 이유보다 사회문화적인 이유였어요. 영국의 외로움부가 가지는 의의도, 개인이 느끼는 외로움이라는 감정과 여러 원인을 개인이 해결하기 사실 쉽지 않기 때문에 사회나 지역 공동체가 함께 나서야 함을 인식한 것에 있다고 생각합니다. 이전에는 그 사람이 게을러서, 혹은 어떤 개인적인 원인에 의해서 은둔하는 것인데 그 해결을 위해 우리가, 사회나 정부가 나서야 하는가 하는 의문이 있었을 법하죠. 그러나 광주는 관련 조례를 만들고 지원 활동을 하기로 결정하면서 개인 문제가 아니라 사회 차원에서 은둔에 접근해야 함을 인정했습니다.

학교 부적응과 가족 갈등

저희가 만나 본 친구들에게 어떻게 해서 은둔하게 되었고 어떤 과정을 통해서 회복하고 있는지를 물었는데, 그중 두 명의 사례를 간단하게 소개하겠습니다. 한 명은, 중학교 들어가자마자 굉장히 힘들었다고 했습니다. 대인 관계의 어려움이 가장 많았는데, 그 원인 중에 학교에서 부적응이 컸습니다. 가정 내 갈등도 있었고 가족 구성원들의 지지 체계가 부족했습니다. 취업이든 상급학교 진학 문제든 가족 내에서 지지받지 못하고 기대에 못 미치는 상황이었습니다. 그렇다 보니 내가 정말 쓸모없는 사람이다, 이제 사라져야 하지 않을까, 그런 생각을 많이 했던 것 같아요. 취업에 대한 부담감도 이야기했습니다. 학교라는 공간에서 뭘 하기가

help them overcome their reclusion and relieve their loneliness, even if only a little.

Loneliness from difficulties in communication

Many people have talked a lot about the difficulties they have in interpersonal relationships and in communicating with others. When they think that they are alone or isolated, they feel very lonely. The order of precedence can change, but in a society where people continue to feel lonely, it becomes more difficult to communicate with the outside world or other people, and as a result, the phenomenon of reclusion appears.

Not a personal, but a social issue

We have discovered and supported about 115 social recluses over the past three years. We meet with people who inquire about and those who participate in counseling programs, external activity programs, social life training, and work experience programs supported by the center. When we ask them about the reasons for their reclusion, the most common reasons they mentioned were socio-cultural reasons rather than personal reasons. Also, the significance of the Ministry of Loneliness in the UK would lie in the recognition that the loneliness that individuals feel and its various causes are not easy for individuals to resolve, so society or local communities should work together. In the past, there might be doubts about whether we, the society, or the government should take action for people who are reclusive, thinking it is due to their laziness or from personal reasons. However, Gwangju created an ordinance and conducted support activities, acknowledging that it should be approached as a social problem, not an individual problem.

싫었고, 친한 사람 한두 명 정도와만 소통했고, 어릴 때부터
인사성이 굉장히 밝다는 소리를 들었지만, 학교에서는 그런
어떤 모습이 다 사라져 버렸다고 느꼈답니다. 결국 교실에서
몰래 책을 읽거나 잠만 잤는데 그게 싫어서 무단결석을
하게 되었고, 자기가 딱히 잘하는 것도 없고, 그래서 빨리
죽어서 사라지고 싶다는 생각을 중학교 시절부터 했었다고
이야기했습니다.

다른 한 친구도 초등학교 때부터 왕따를 당해서 친구를 어떻게
사귀어야 할지 모르고 혼자 학교생활을 많이 했습니다. 성적이
떨어지고 자존감도 낮아졌는데, 마침 고등학교 때 글쓰기
동아리 활동을 하면서 쓴 시가 상을 받게 되어서 그것으로
대학을 문예창작과로 갔답니다. 그런데 가서 보니 글 쓰는 게
너무 어려워서 글 쓰는 것에 대한 자신감이 없어지고, 글을
쓰지 못하고 대학 졸업 후에 무슨 일을 해야 할지 전혀 모르게
되면서 결국은 은둔을 선택했답니다.

은둔자 대다수가 청년

센터에서 115명 정도의 은둔자들을 봤을 때, 은둔을 시작하게
된 연령대는 20대가 가장 많았습니다. 그다음은 10대입니다.
현재 은둔하고 있는 연령대는 20대와 30대가 거의 70% 이상을
차지해요. 센터는 모든 연령대의 은둔형 외톨이를 발굴하고
지원하고 있어서 꼭 청년만 센터에 오지는 않습니다. 그러나
센터 이용자 중에 청년층이 월등히 많아요. 우리 사회에 10
대와 20대의 외로움과 고립 상태를 만드는 사회적 요인이 매우
많은 듯합니다.

정소익
사전 면담 중에 유승규 대표님께서 은둔을 해결하기 위해서는
가족 관계 해결이 꼭 필요하다, 꼭 좋고 행복한 해피엔딩만

Maladjustment at school, conflicts at home

We asked people we met how they became reclusive and what process they went through to recover from their reclusion. I will briefly introduce two cases. One said that he had a very hard time as soon as he entered middle school. Interpersonal difficulties were the biggest reason, and he was very maladjusted at school. He also had conflicts at home and his family members did not provide a support system. Whether it was employment or going to a higher level school, he didn't have support from his family and he was not living up to expectations. He thought a lot about how useless he was and that he should just disappear. He talked about the burden of employment also. He didn't want to do anything in school, and he only communicated with one or two close friends. He had been told that he had a very bright personality since he was young, but he felt that all of that disappeared at school. Eventually, he started skipping school because he didn't like secretly reading books or sleeping in the classroom. Since middle school he thought that he didn't have anything he was particularly good at, so he wanted to die as soon as possible and disappear.

The other person also had been bullied since elementary and middle school, so he didn't know how to make friends, and spent a lot of his school life alone. His grades dropped and his self-esteem became low. He won an award for a poem he wrote while participating in a writing club in high school, and that made him go to university to major in creative writing. When he got there though, he found writing to be too difficult, he lost confidence in writing again, and he had no idea what to do after graduating from college. He ended up choosing to become reclusive.

이야기하는 것은 아니다, 화합이든 과감한 단절이든 가족 관계 해결이 꼭 필요하다, 그렇지 않으면 재고립·재은둔에 들어가는 비율이 굉장히 높다는 이야기를 해 주셨습니다. 현장에서 보시긴 어떤가요? 가족이 은둔 상황에 얼마나 큰 역할을 하나요?

백희정

<u>바뀌어야 할 사람은 가족</u>

혼자 살고 있는 당사자가 센터에 문의하기도 하지만 같이 거주하고 있는 부모님이나 다른 가족 구성원들이 도와 달라고 요청하는 때도 있습니다. 센터 초창기에는 가족이 의뢰하는 경우가 훨씬 더 많았는데 센터의 활동이 안정되고 홍보가 되다 보니 당사자들이 어떻게 하면 좋을지 스스로 문의하는 비율이 높아지고 있어요.

저희는 당사자와 가족들을 같이 만나요. 일본의 사이토 다마키(齋藤環) 교수라고 히키코모리를 연구하시는 분이, 바뀌어야 할 사람은 가족이라고 말씀하셨습니다. 저는 그것을 현장에서 많이 느껴요. 부모님들은, 뭔가 잘못되었다, 그래서 애가 좀 바뀌었으면 좋겠다, 다른 사람들하고 이야기도 잘하고, 다른 사람들처럼 밖에 나가서 취업도 하고, 놀기도 했으면 좋겠다, 이런 이야기를 많이 하죠. 그런데 부모님들하고 더 이야기해 보면, 그분들의 양육 태도 같은 것이 사실 굉장히 잘못되었다고 느끼게 돼요. 당사자가 저렇게 살아 있는 것만으로도 다행이라고 생각하게 되는 경우가 매우 많습니다. 가족이 은둔 당사자에게 지지 체계가 되어 주지 못하고 기대만 합니다. 가족 때문에 굉장히 외로운 거예요. 우리는 가족이라고 하는 환경에 속해 있는데, 그 가족으로 인해 무척 외로워하는 사례가 아주 많습니다. 가족 구성원 사이에 문제가 있을 때 안무서운회사가 하는 것처럼 당사자와 가족을 분리하는 조치를 하는 것도 사실 굉장히 도움이 될 수 있습니다.

Most recluses are youth

When we looked at about 115 recluses at the center, the age group in which people started to become reclusive the most was the 20s. The teens were the next. And the age group of current recluses is mainly 20s and 30s, accounting for almost 70%. The center discovers and supports reclusive loners of all ages, so it is not just young people who come to the center. However, among the people who utilize the center, the young generation is overwhelmingly large. It seems that there are many social factors in our society that are creating loneliness and isolation in teenagers and people in their 20s.

SOIK JUNG

During the preliminary interview, Mr. You said that in order to resolve reclusion, it is essential to resolve family relationships, and that the resolution does not necessarily mean a good and happy ending. He said that whether it is reconciliation or a very bold breakup, resolving family relationships is essential, otherwise, the rate of re-isolation and re-reclusion is very high. What do you see in the field? How big of a role does the family play in reclusion?

HEEJUNG PAIK

It is the family that needs to change

We sometimes receive inquiries from people who live alone, but sometimes we also receive requests from parents or other family members who live with reclusive individuals. In the early days of the center, there were many more cases of families making requests, but as the center's activities have stabilized and become more publicized, the percentage of reclusive individuals asking what to do and how to recover from their reclusion is increasing.

정소익

사회 위기와 외로움

이제 조금 더 규모를 키워서 한국의 사회 구조 전체와 관련한 이야기를 나눠 보겠습니다. 김효진 대표님은 최근까지 생명보험사회공헌재단에서 오랫동안 일을 하셨습니다. 생명보험사회공헌재단은 자살을 시도하기 전에 연락할 수 있도록 한강 교각에 설치된 전화인 SOS생명의전화[6]를 운영하는 재단입니다. 관련 사례와 데이터를 많이 가지고 계시고 오랫동안 외로움, 은둔, 우울, 자살 간 상관관계를 목격해 오셨습니다. 외로움과 우울, 은둔, 자살이 꼭 서로 직접적으로 연결되는 것은 아니지만 굉장히 깊은 상관관계가 있고, 코로나19 팬데믹을 지나면서 그 상관관계가 더 커졌다고 합니다. 1997년의 IMF 사태[7]나 다른 사회 위기들을 지나오면서 한국 사회에 개인의 붕괴, 가족의 붕괴, 공동체 붕괴 같은 문제들도 발생했습니다. 이런 사회 시대적인 배경, 경제 위기와 외로움 간의 관계에 관해서 설명해 주시면 좋겠습니다.

김효진

외로움을 바라보는 인식의 변화

지금은 사회적 기업을 운영하고 있지만, 한 달 전까지 생명보험사회공헌재단에서 근무했었습니다. 재단이 2007년도에 생겼을 때만 해도 자살 예방 사업을 목적사업으로 한다고 하면 모든 사람이 자살 사업을 왜 하느냐, 그런 일에

---

6. 대한민국 최초 전화 상담 기관으로서 어려움에 처한 사람들을 상담하고, 생명 존중 문화 확산과 자살 예방을 실천하는 국제 NGO이다. 고독과 갈등, 위기와 자살 등 삶의 복잡한 문제에 빠져 있는 이웃에게 전문교육을 받은 자원봉사상담원들이 1년 365일 24시간 전화 및 사이버 상담, 전문 상담을 실시하고 있다. https://www.lifeline.or.kr/business/sos.php

7. 1997년 대한민국에 발생했던 외환 유동성 위기. 한국에서는 단순히 IMF 사태, 1997년 외환위기, IMF 외환위기 등으로 지칭하는 경우가 많지만 세계적으로는 1997년 아시아 금융 위기(1997 Asia Financial Crisis)로 불린다.

We meet the recluses and their family. Professor Tamaki Saito of Japan, who studies hikikomoris, said that the people we need to change are the family members. I feel this a lot in the field. Parents often say, "Something is wrong, so I wish this person would change a little, talk to other people, go out and get a job, and play like other people." However, when we talk to the parents, we feel that their parenting style is actually very wrong. There are many cases where recluses are lucky just to be alive. The family does not provide a support system for the recluses and only has certain expectations. We belong to the family environment, but there are many cases where we are very lonely because of this family. When there is a problem between family members, taking measures to separate recluses and their families, as the Not Scary Company is doing, could be actually very helpful.

SOIK JUNG

Social crises and loneliness

Now let's expand the scale a bit and talk about the entire social structure of Korea. Dr. Kim has worked for a long time at the Life Insurance Social Contribution Foundation until recently. The Life Insurance Social Contribution Foundation operates SOS Life[6] Line which are telephones installed on the bridges on the Han River so that people can call before attempting suicide. She has a lot of related cases and data, and has witnessed the correlation between loneliness, reclusion, depression, and suicide for a long time.

6. The Life Insurance Social Contribution Foundation is an international NGO that provides counseling to people in need 24 hours a day, 365 days a year, and practices respect for life culture and suicide prevention as the first telephone counseling institution in Korea, SOS Life Line. Volunteer counselors who have received professional training provide telephone and cyber counseling, as well as professional counseling, 24 hours a day, 365 days a year to neighbors who are struggling with complex issues in life such as loneliness, conflict, crisis, and suicide. It is the foundation that operates: https://www.lifeline.or.kr/business/sos.php

돈을 왜 쓰냐고 말했었습니다. 그게 불과 한 16년 전입니다. 오늘, 외로움이 사회 문제라는 생각을 공유하는 여러분들과 함께 여기 모인 것이 저에게는 매우 기쁜 일입니다.

말할 곳이 없다

재단은 2017년에 지금 전국 보건소, 교육부에서 쓰고 있는 SNS 청소년 자살 상담 채널 '다들어줄개'를 기획하고 만들었습니다. 그때 2007년부터 2015년까지의 데이터를 참고했는데, 당시 청소년의 사망 원인 중 1위가 자살이었습니다. 청소년들은 힘들 때 그냥 혼자 잊으려 한다고 했었고, 이야기하고 싶을 땐 누구랑 하냐는 질문에 70%의 초등학생이 상담받을 곳이 없다고 대답했어요. 그 친구들이 이제 자라서 청년이 되었습니다.

신사회위기

이 청년들이 보고 배운 부모님 세대는 IMF 사태와 같은 전 사회적 위기를 피부로 직접 겪었던 세대예요. 청년들은 《응답하라 1988》이라는 드라마를 통해서나, 아니면 역사책을 통해서만 그 시대를 겪었을 세대고요. 부모님들은 자신들의 세대에 학습한 경험으로 자녀들을 양육합니다. 한국의 자살 특징 중 안타까운 지점이, 경제적 위기가 자살 원인 1위라는 것입니다. 1997년 IMF 사태, 그 뒤에 2003년 카드 대란 사태, 그리고 2009년도에 세계 금융 위기가 연달아 일어나고 2011년도에 유럽발 금융 위기가 또 발생했습니다. 이런 경제 위기가 있을 때마다 GDP, 성장률 같은 경제 지표들이 크게 무너지면서 자살자가 급증했습니다. 애석하게도 당시 한국에는 사회 보장 제도가 없었어요. 대표적인 사회복지 제도인 국민기초생활보장제도가 생긴 것이 1999년이에요. 1997년에 IMF가 터졌을 때는 사회 보장의 기반이 마련되어 있지 않았고

Loneliness, depression, reclusion, and suicide are not necessarily directly connected to each other, but they are very deeply related, and it is said that the relationship has become stronger after the COVID-19 pandemic. As we went through the IMF crisis in 1997 and other social crises, problems such as the collapse of individuals, the collapse of families, and the collapse of communities also occurred in Korean society. Dr. Kim, could you explain this social and historical background, the relationship between economic crises and loneliness?

HYO-JIN KIM

Changing the way we see loneliness

I currently run a social enterprise, but until a month ago, I worked at the Life Insurance Social Contribution Foundation. The foundation was established in 2007, and at the time, when the foundation said that its purpose was suicide prevention, everyone said, "Why are you doing suicide prevention work? Why are you spending money on something like that?" That was only 16 years ago. Today, I am very happy that we have gathered to solve this problem, sharing the idea that loneliness is a social problem.

Nowhere to talk

In 2017, the foundation planned and created the SNS youth suicide counseling channel *I'll Listen to You* which is currently used by public health centers and the Ministry of Education. At that time, I referred to data from 2007 to 2015, and the number one cause of death among Korean youth was suicide. They said that they just tried to forget things by themselves when they are having a hard time. And 70% of elementary school students answered that they have no place to go for counseling, when asked who

부모님들은 사회 위기를 고스란히 개인적으로 감당해야
했습니다. 부모님들은 사회 안전망 없이 너무 불확실한 시대를
지나면서 경제적인 어려움으로 가정이 파괴되고 자기 삶이
무너지는 경험을 했습니다. 실직이나 카드 빚 등으로 신(新)
빈곤층이 많이 생겼고 빈곤이 자살까지 이어지는 악순환이
반복됐습니다. 그때 극단적인 물질 만능주의, 경쟁적인 문화가
생겼다고 보고하는 연구가 많습니다. 연이은 경제 위기와
사회 위기가 정치, 경제, 사회, 문화 전 영역에 걸쳐 부정적인
영향을 크게 미쳤고, 이 위기를 개인이 각자 해결해야 하는
상황이었어요. 개인들의 불안감은 굉장히 가중되었습니다.

살아온 시대의 차이,
생각의 차이, 소통의 어려움

많은 부모님이 이런 불안함을 심리학적으로 해결하거나
치유받는 것이 아니고 빨리 문제 상황을 없애는 방식으로,
없애야 하는 해결 과제 중의 하나로 대하면서 여태까지
살아오셨습니다. 부모님 세대가 그렇게 살아왔으니, 그들에게
양육된 자녀들, 즉 지금 이야기하고 있는 청년들이 자기 마음의
치유와 불안함을 부모님께 이야기하고 '제 마음이 어려워요'
라고 토로하면 부모님들은 '네가 고생을 안 해 봐서 그래', '너
그러다 정신과 간다'와 같은 반응을 보입니다. MBTI를 빌려
표현하면 이해하기 조금 더 쉬울까요? 자녀들은 F의 방식으로
'저 좀 위로해 주세요, 저 좀 봐 주세요'라고 말하는데,
어른들은 굉장히 T의 관점에서 '그건 네가 고생을 안 해 봐서
그런다, 문제만 해결하면 다 괜찮아진다'라며 굉장히 엇박자의
대답을 줍니다. 자녀들은 입을 닫아 버려요. 가족 간 관계가
소원해지고, 나아가 공동체가 해체되는 문제들도 생깁니다.

사회 통합과
사회 유대감이 필요하다

they talk to when they want to talk. Those friends have now grown up and become young adults.

New social crises

The generation of parents that these young people saw and learned from is the generation that experienced the IMF crisis[7] and other social crises firsthand. The young people we are talking about now are the generation that experienced that era only through the drama *Reply 1988* or history books. Parents raise their children based on the experiences they learned in their time. One of the unfortunate aspects of the suicide rate in Korea is that the number one cause of suicide is economic crisis. The IMF crisis in 1997, followed by the credit card crisis in 2003, and in 2009 the global financial crisis, occurring one after another, and in 2011, the European financial crisis occurred again. Whenever there was an economic crisis, economic indicators such as GDP, growth rate, etc. collapsed significantly, and the suicide rate skyrocketed. Unfortunately, Korea did not have a social security system at that time. The most representative social welfare system, the National Basic Living Security System, was established in 1999. When the IMF crisis[7] broke out in 1997, parents had to personally bear the social crisis without any social security foundation. They experienced the destruction of their families and the collapse of their own lives due to economic difficulties as they went through an era of great uncertainty and lack of social safety nets. At that time, many new poor people emerged in Korea due to unemployment or credit card debt. This new poverty continued to lead to suicide.

A vicious cycle. Many studies report that extreme materialism and a competitive culture emerged at that time. The successive economic and

7. The foreign exchange liquidity crisis occurred in Korea in 1997. In Korea, it is often referred to simply as the IMF (incident), the (1997) foreign exchange crisis, or IMF foreign exchange crisis, but it is called the 1997 Asian Financial Crisis worldwide.

프랑스 사회학자 에밀 뒤르켐(Émile Durkheim)은 저서
『자살론』[8]에서 사회 통합 수준과 사회 유대감이 자살에 많은
영향을 미친다고 말합니다. 저는 사실 외로움을 청년들만
느낀다고 생각하지 않아요. 저도 느끼고 대부분의 어른도
느낍니다. 사회 통합 수준이나 유대감이 가정에서부터
지역사회까지 조금 더 단단해진다면 사회 구성원 모두의
외로움 문제를 해결할 수 있을 것입니다.

재단이 2011년도 7월에 서울 마포대교에 처음으로 SOS
생명의전화를 설치한 후 지금까지 13년 동안 계속 운영되고
있습니다. 20대가 가장 많이 사용하고, 2023년부터는 30대,
40대 사용자도 많이 늘어나고 있습니다. 그런데 정말 속상한
것이 사람들이 낮에 전화 이용을 잘 안 한다는 것이에요.
밤이나 새벽에 이용해요. 그 전화가 무엇인지 이제 모두 다
알게 되었고, 그래서 전화를 들면 나는 문제 있는 사람이라는
걸 드러내게 된다고 생각하기 때문입니다. 낙인 효과를
걱정하는 것입니다. 사실은 정신과 상담에 갈 여력이 없는,
경제적으로 어려운 분들이 그 전화기를 들기 위해 오시는데,
이제 그분들이 낮에는 못 오시는 겁니다. 이런 문제도 사회
통합, 유대감과 연결되어 있어요. 그 사람이 문제가 있거나
잘못되어서 전화한다는 인식도 바뀌어야겠지만, 사회 통합
문화를 형성하는 것, 세대 간 경험이 다름을 인정하는 것이
굉장히 중요하다고 생각합니다.

서영석

<u>SNS 속 자기 소외에서
오는 외로움</u>

한 가지 더하겠습니다. 제가
앞서 '격차'를 이야기했었는데,
어떤 경우에 이 격차를 느끼냐고

[8]. Émile Durkheim, (1897). *Le Suicide: Étude de sociologie*
에밀 뒤르켐. 황보종우 역. 이시형 감수. 2019.
『자살론』. 청아출판사.

social crises had a significant negative impact on all areas of politics, economy, society, and culture, and this crisis was ultimately a situation that individuals had to resolve on their own. Their anxiety was greatly aggravated.

Generational differences, differences in thought, and difficulties in communication

Many parents have lived their lives not by psychologically resolving or healing this anxiety, but by quickly eliminating the problem situation, as one of the tasks to be resolved. Since the parents' generation lived that way, when the children raised by them, that is, the young people we are talking about now, talk to their parents about their emotional healing and anxiety and confess, "I'm having a hard time," the parents respond with, "That's because you've never had a hard time," or "You'll end up at the psychiatric clinic." Would it be easier to understand if I borrowed MBTI to express it? Children say, "Please comfort me, please look after me," in the F-style, but parents give very discordant answers from the T-style perspective, saying, "That's because you've never had a hard time, everything will be okay if you just solve the problem." Then the children shut their mouths, family relationships become distant, and communities break apart.

Need for social integration and social bonding

The French sociologist, Émile Durkheim wrote in his book *On Suicide*[8] that the level of social integration and social bonding have a great influence on suicide. I don't think that only young people feel loneliness. I feel it, and most adults feel it too. If the level of social integration and bonding becomes a little stronger from the family to the community, we could solve the problem of loneliness for all members of our society.

8. Émile Durkheim, (1897). *Le Suicide: Étude de sociologie.*

물었을 때 청년들이 자꾸 SNS를 언급했습니다. 언제 외롭냐고 물으면 SNS를 계속 언급하는 겁니다. SNS에 올리는 자기 삶의 모습은 자신이 아니고, 이 둘 사이에서 격차를 느껴서, 그러니까 우리가 보통 이야기하는 자기 소외를 느껴서, 내가 나 같지 않아서 외로움을 경험한다고 말했습니다.

정소익

다른 사람과 나의 격차뿐만 아니라 SNS에 올리는 나와 실제 나의 격차에서도 외로움을 느낀다?

서영석

<u>혼자라는 느낌, 실존적 외로움</u>

그때도 외로움을 느낀답니다. 한국 청년들은 너무 다양한 상황에서 외로움을 절절하게 느끼고 있었습니다. 그리고 제가 아까 언급한 실존적 외로움. 실존적 외로움은 실존주의, 현상학 등에서 이야기하는 좀 어려운 개념인데, 결국은 나 혼자라는 느낌입니다. 이 외로움은 사실 어르신들이 많이 경험합니다. 상상하실 수 있을 겁니다. 유한한 것에 관한 성찰로 인해서 외롭고, 대자연 앞에서 아주 작은 존재이기 때문에 외롭고요. 우주선 안에 있다가 생명줄 달고 밖으로 나갔을 때, 비행사들이 막 눈물을 흘립니다. 왜 흘릴까요? 아주 미약한 존재라고 느끼고 너무 광활해서입니다. 무한한 어떤 기회가 있는데 너무 문이 작으니까, 대자연이나 완벽이나 절대나 이런 것을 상대했을 때 자신이 너무 부족하고 덧없고, 이럴 때도 외롭다고 합니다. 이게 실존적인 외로움인데 청년들이 이 실존적인 외로움을 많게는 아니지만 경험하고 있었습니다. 언제 가장 많이 경험했냐면 중요한 삶의 선택을 하기 위해서 혼자 내버려졌을 때, 특히 시험 준비할 때입니다. 시험을 혼자서 감당할 때 너무 외롭답니다. 또, 진로를 결정할 때, 이게 결국 자신이 선택해야 하지만

Since the foundation installed the first SOS Life Line on Mapo Bridge in Seoul in July 2011, the line has been in operation for 13 years. The most users are people in their 20s, and from 2023, the number of users in their 30s and 40s has increased significantly. What's really frustrating is that people don't use the phone during the day. They use it at night or in the early morning. Now everyone knows what the phone is, so they think that if they pick up the phone, they'll be showing that they have a problem. They worry about the stigma effect. In fact, people who can't afford psychiatric counseling and are financially struggling come to pick up the phone, but now they can't come during the day. This problem is also connected to social integration and solidarity. The perception that people call because they have a problem or there is something wrong with them needs to change, but I think it's very important to create a culture of social integration, and acknowledge the differences in experiences between generations.

YOUNG SEOK SEO

<u>Loneliness from
self-alienation on SNS</u>

Let me add one more thing. I talked about the *gap* earlier. When I asked students in what cases they feel this gap, they kept mentioning SNS. When I asked them when they felt lonely, they kept mentioning SNS. The image of their lives posted on SNS is not themselves, and they felt a gap between the two, so they felt what we usually call self-alienation, and experienced loneliness because they were not like themselves.

SOIK JUNG

Did they feel lonely not only because of the gap between them and others, but also because of the gap between the me they post on social media and the me they really are?

그 선택을 할 때, 미래에 대한 엄청난 가능성이 있음에도
불구하고 너무 불확실해서 외롭다고 합니다. 청년 시대를
경험해 보면 이해하실 겁니다. 너무 다양한데 확실한 건
하나도 없으니까 이때 너무 자신이 작아지니까 외롭다는 것.
청년들이 실존적인 외로움들을 많이 보고하지는 않았지만,
아는 것 같습니다. 나이와 경험이 많아지다 보면 실존적인
외로움을 느끼는 빈도나 강도가 점점 많아지지 않을까,
생각이 듭니다.

YOUNG SEOK SEO
Feeling alone, existential loneliness

Yes, even then, they felt lonely. Korean youth felt lonely in so many different situations. I also mentioned existential loneliness earlier. Existential loneliness is a difficult concept discussed in existentialism and phenomenology. It is ultimately a feeling of being alone. This loneliness is actually experienced a lot by the elderly. You can imagine it. Loneliness due to reflection on the finite, and loneliness because they are very small in front of Mother Nature. When they are in a spaceship and go outside with a lifeline, the pilots start crying. Why do they cry? It is because they feel very small and the vastness is so great. There is such an infinite opportunity, but the door is so small. When they face Mother Nature, perfection, or absolutes, they feel so inadequate and fleeting. They said they are lonely at such times. This is existential loneliness, and students experienced this existential loneliness, although not often. When they experienced existential loneliness the most was when they were left alone to make important life choices, especially when they were preparing for exams. It was so lonely when they were taking exams alone. Also, when deciding on a career path, and when making a choice that is ultimately what they have to do, they felt lonely because there was so much uncertainty about the future, even though there were so many possibilities. If you experience your youth, you will understand. There are so many different things, but nothing is certain, so they feel so small at that time, so they feel so lonely. Although they didn't report existential loneliness that much, I think they know it. I assume that as they get older and more experienced, the frequency and intensity of feeling existential loneliness will increase.

포럼: 두 번째 논의

두 번째 논의:
한국 청년의 외로움에 어떻게 대처할 것인가

정소익

첫 번째 논의에서 한국인 외로움의 특수성에 대해서 많은 이야기를 나누면서 한국 사회, 문화, 정체성, 규범이 외로움을 악화시키는 실질적인 요인으로 작동함을 알 수 있었습니다. 이를 바탕으로 두 번째 논의는, 그렇다면 우리는 '한국인의 외로움을 이제 어떻게 다뤄야 할 것인가'입니다. 외로움에 관한 관심이 점점 더 높아지고 있고, 정부의 정책과 서비스도 굉장히 많아지고 있습니다. 관련 연구도 늘어나고 있는데, 우리는 지금 어디쯤 와 있는지, 우리가 현장에서, 학계에서, 모든 사회 공동체에서 어떤 노력을 해야 하는지에 관해 이야기 나눠 보도록 하겠습니다.

우리는 외로움이 사회 구조적인 문제고 사회 공동체로부터 매우 큰 영향을 받고 있다고 이야기하고 있습니다. 그러나, 외로움이 궁극적으로는 개인의 감정이기 때문에 외로움에 대해서 어떤 개입을 하거나 사회 공동체가 함께 노력하기가 사실 쉽지는 않습니다. 그럼에도 유승규 대표님의 안무서운회사나 광주광역시은둔형외톨이지원센터, 생명보험사회공헌재단 등에서 하는 여러 활동이 주변에 크게 도움을 주고 있는 것을 우리가 보았습니다.

백희정 센터장님, 광주시가 전국 최초로 은둔형외톨이지원센터를 만들고 활동하고 있는데, 지금 어떤 활동을 하고 계시고 어떤 프로그램이 있는지 더 구체적으로 소개해 주시면 좋겠습니다.

SECOND DISCUSSION: HOW TO DEAL WITH THE LONELINESS OF KOREAN YOUTH?

SOIK JUNG

In the first discussion, we talked a lot about the special characteristics of loneliness of Koreans, and we were able to see that Korean society, culture, identity, and norms are real factors that worsen loneliness. Based on this, the second discussion that we are starting now is, then, how we should deal with loneliness in Koreans. Interest in loneliness is growing, and the government's policy and services are increasing significantly. Related research is also on the rise. Let's talk about where we are now and what efforts we need to make in the field, in academia, and within all communities. We say that loneliness is a problem of social structure and that it is greatly influenced by our communities. However, because loneliness is ultimately an individual emotion, it is not easy to intervene or for the communities to work together. Nevertheless, we have seen that various activities of Mr. You's Not Scary Company, Gwangju Hikikomori Support Center, the Life Insurance Social Contribution Foundation, etc. are all greatly helping people around us.

Director Paik, Gwangju is the first city in Korea to establish and operate a hikikomori support center. Could you please tell us more specifically what activities you are currently conducting and what programs are available?

HEEJUNG PAIK

<u>Gwangju enacts the first ordinance in Korea to support reclusive loners</u>

백희정

광주시, 전국 최초로 은둔형 외톨이 지원 조례를 만들다

광주시는 2019년 코로나19 팬데믹이 시작하기 전에 전국에서 최초로 은둔형 외톨이 지원 조례를 만들었습니다. 외로움과 은둔의 문제를 사회 공론화했고, 조례에 따라서 2022년도에 센터를 열었습니다. 민간에서 은둔 청년들, 고립 청년들을 발굴하고 지원하는 일을 다 열심히 해 왔지만, 공공 영역에 조례에 근거한 전담 기관이 설치되고 주도적으로 활동한 사례는 광주광역시은둔형외톨이지원센터가 최초라고 보시면 되겠습니다.

은둔 당사자 특성을 고려한 프로그램

저희는 센터를 준비하면서 활동 방향을 어디로 잡아야 하는지 고민했습니다. 공공의 지원은 활동의 지속성을 보장하기도 하지만, 공공 예산이 들어가기 때문에 성과 평가가 많이 요구돼요. 저희도 몇 명이 왔냐, 어떤 성과가 있었느냐 등의 성과 지표 전부를 염두에 두지 않겠다고 하기 어려웠습니다. 그럼에도, 저는 이 사업의 핵심인 은둔형 외톨이 청년들의 특성을 최우선으로 고려하는 것이 기존 사업과 센터 사업을 차별화하는 방법이라고 생각했습니다. 지금은 많은 분이 센터가 열심히 잘하고 있다고 격려의 말씀을 주시지만 사실 내부에 있는 저희는 잘 모릅니다. 이게 잘하는 것인지, 아닌지. 저희도 '외롭습니다'. 그래도 저희가 하나 확신하는 것은, 센터에서 하는 프로그램들이 저희가 만난 당사자들의 특성을 고려해서 그들이 원하는 부분을 해소하거나 지원하기 위해 만들어진다는 것입니다. 기존 프로그램을 답습해서 그냥 거기에 몇 명이 들어갔는지 세는 방식이 아니라요. 이것이 센터가 특화한 지점입니다.

In 2019, before the start of the COVID-19 pandemic, Gwangju enacted an ordinance to support reclusive loners. Gwangju made the issue of loneliness and reclusion a social issue, and opened the center in 2022 in accordance with the ordinance. In the private sector, many people have been working hard to discover and support reclusive and isolated youth, but the center is the first case in the public sector where a dedicated organization based on the ordinance was established and actively operated.

Programs that take into account the characteristics of reclusive individuals

While preparing the center, we thought about where to direct our activities. Public support ensures the continuity of activities, but since it involves a public budget, it actually requires a lot of performance evaluation. It was difficult for us to say that we would not consider all performance indicators, such as how many people came and what results were achieved. However, I thought that considering first the characteristics of reclusive and isolated youth, which form the core of this project, was the way to differentiate the center from other existing projects. Now, many people encourage the center, saying that it is doing a good job, but in fact, we inside don't know whether we are doing a good job or not. We are also lonely. One thing we are sure of though is that the programs at the center are designed to solve the problems or support the needs of the people we meet, considering and suited to their characteristics. It is not a method of simply repeating the existing programs to count how many people participated. This is where the center specializes. The result we achieved until last year is that these young people recognize the center as their support system. When someone has a hard time, when it is difficult to talk to their parents or family, or when there is no one to talk to because they do not have many

작년까지 저희가 이룬 결과는 은둔 청년들이 센터를 자신들의 지지 체계로 인식하게 된 것입니다. 어려운 일이 있을 때, 부모나 가족들에게 이야기하기 어려울 때, 또 대인 관계가 많지 않다 보니 누구에게 이 어려움을 이야기할 곳이 없을 때, 자신의 어려움과 좋은 일을 센터와 나누는 것. 저희는 이런 작은 결과를 보면서 그래도 센터가 이 고립 은둔 청년들을 위해서 제 역할을 하고 있다는 확신을 갖습니다.

일상 회복, 대인 관계 향상, 사회생활 연습

센터의 프로그램 운영 과정을 간략하게 말씀드리겠습니다. 많은 이들이 저희에게 문의합니다. 저 힘들어요, 저도 은둔하고 있어요, 좀 고립된 것 같다고 토로합니다. 그런데 이 외로움이라는 것이 개인적인 감정이다 보니, 당신의 외로움이 몇 점이어서 외롭다, 아니다를 저희가 측정할 수 없습니다. 다 주관적으로 당사자들이 보고하는 것이니까요. 그래서, 센터에 의뢰하는 이들을 모두 지원하고 싶으나, 저희 나름대로 대상자를 선정하는 단계를 몇 가지 갖추었습니다. 먼저 당사자들이 문의하면 일본의 HQ-25 척도[1]로 문의자 자신의 상태를 확인하도록 하고, 그 후 접수 면접을 진행합니다.

---

1. 은둔형 외톨이 자가보고 척도 HQ-25는 Teo 등*이 개발한 자가보고식 척도로 3개의 하위척도(사회화, 고립, 심리적 지지)로 이루어진 25개의 항목으로 구성되어 있다. 해당 도구는 일본의 지역사회 및 임상 환경에 있는 399명의 성인을 대상으로 한 연구에서 Cronbach's alpha 0.96으로 신뢰도와 타당도가 검증된 바 있다. 해당 연구의 저자들은 HQ-25의 cut-off score를 42점으로 하였으며 이때의 민감도는 94%, 특이도는 61%였다. 본 연구를 위하여 연구진은 상기 저자들로부터 번역에 대해 허락을 받았으며, 한국의 정신건강의학과 의사가 번역 후 일본의 정신건강의학과 의사가 역번역하였다(부록). 양 과정은 모두 한국어와 일본어에 모두 능숙한 심리학자의 도움을 받아 진행되었다.

    * Teo AR, Chen JI, Kubo H, Katsuki R, Sato-Kasai M, Shimokawa N, et al. Development and validation of the 25-item hikikomori questionnaire (HQ-25). *Psychiatry Clin Neurosci* 2018;72:780-788.

    출처: 제세령·최태영·원근희·봉수현. 2022. 은둔형 외톨이 자가보고 척도의 신뢰도 및 타당도 연구. 『신경정신의학』, 61(2), 80-89.

interpersonal relationships, they share their difficulties and joys with the center. When we see these small results, we are convinced that the center is doing its proper job for these reclusive youth.

Restore daily life, improve interpersonal relationships, practice socializing

I will briefly explain the center's program operation process. Many people contact us. They say, "I'm having a hard time, I'm also reclusive, I feel a bit isolated." However, since loneliness is a personal feeling, we cannot say that they are lonely or not by measuring their loneliness score. It's all subjectively reported by themselves. So, although we want to support all those who refer to the center, we have several steps in place to select our clients. First, when people make inquiries, we use the Japanese HQ-25 scale[1] to check the condition of the inquirer, and then we conduct an intake interview. If they are selected as clients, we internally decide whether to support them at the center or to refer them to another related organization in the region to receive support from that organization. And those who start with the

---

1. The Hikikomori Loneliness Self-Report Scale. The HQ-25 is a self-report scale developed by Teo et al.* and consists of 25 items divided into three subscales (socialization, isolation, and psychological support). The tool has been verified for reliability and validity with a Cronbach's alpha of 0.96 in a study targeting 399 adults in a Japanese community and clinical settings. The authors of the study set the cut-off score of HQ-25 at 42 points, which resulted in a sensitivity of 94% and a specificity of 61%. For this study, the researchers obtained permission from the authors to translate the questionnaire, which was then translated by a Korean psychiatrist and then back-translated by a Japanese psychiatrist (Appendix). Both processes were conducted with the assistance of a psychologist fluent in both Korean and Japanese.

* Teo, A. R., Chen, J. I., Kubo, H., Katsuki, R., Sato-Kasai, M., Shimokawa, N., Hayakawa, K., Umene-Nakano, W., Aikens, J. E., Kanba, S., & Kato, T. A. (2018). Development and validation of the 25-item Hikikomori Questionnaire (HQ-25). *Psychiatry and clinical neurosciences*, 72(10), 780-788. https://doi.org/10.1111/pcn.12691
(Source: Se Ryong Je, Tae Young Choi, Geun Hui Won, Su Hyun Bong. (2022). Developing Korean Version of the 25-item Hikikomori Questionnaire. *Journal of Korean Neuropsychiatric Association*, 61(2), 80-89.)

대상자로 선정되면, 이들을 센터에서 지원할지 아니면 지역의 다른 관계 기관에 의뢰해서 그쪽 지원을 받으면 좋을지를 내부적으로 판단합니다. 센터가 지원하는 이들에게는 먼저 12회기 정도의 상담을 지원합니다. 또 온라인과 오프라인에 기반한 활동 프로그램들을 지원하고요. 자기 탐구, 생활 습관 개선을 통한 일상 회복이 주요 활동입니다. 대인 관계 향상 프로그램도 있습니다. 당사자들이 가장 많이 요청하는 것으로, 다른 사람들과 대인 관계의 어려움을 갖고 있어서 누구랑 만나고 싶어도 잘 안된다, 알바 면접을 하려고 해도 잘 안된다, 이런 어려움을 위한 프로그램이에요. 더하여, 사회생활을 연습하는 프로그램들을 운영하고 있습니다. 우리 사회는 이미 준비가 되어 있는 사람들을 받으려고 하지 연습을 시켜 주는 곳은 없습니다. 센터는 은둔 후에 사회로 복귀하는 데 필요한 사회생활 연습을 도와드리고 있습니다.

유연하고 적극적인 대응

센터가 하는 프로그램들이 정해진 대로만 가지는 않습니다. 작년에는 청년 세 명이 1년 사업 계획에 없었던 요코하마 연수를 다녀오기도 했습니다. 저희가 어떻게 이 바람을 포착했냐면, 일상적인 산책 프로그램을 하면서 한 청년이 본인이 굉장히 관심 있는 것이 일본 문화라고 말했습니다. 제가 그냥 농담으로 우리 언젠가 사회로 나가서 잘되면 일본 여행 한번 같이 가면 좋겠다고 답했는데, 그날 저녁에 그 청년의 부모님에게 전화가 왔습니다. 우리 아이가 일본에 간다고 이야기할 때 그 표정을 잊을 수가 없다고, 너무 즐거워했고 그걸 하고 싶은 마음을 자신들이 읽었다는 겁니다. 그래서 저희가 일본 연수 프로그램을 알아보았습니다. 유승규 대표님께서 이야기하신 일본 기업 K2 International에 연락해서 이러이러한 상황에 같이 진행할 수 있는 프로그램이 있겠냐고 문의했고, 그렇게 같이 일본 연수를 만들어 냈습니다.

center receive counseling for about 12 sessions. We also support activity programs based online and offline. Self-exploration and daily recovery through improvement of lifestyle habits are their main activities. There is also a program to improve interpersonal relationships. The most common complaint from the clients is that they have difficulties in interpersonal relationships with others, so they cannot meet anyone they want to meet, and cannot interview for part-time jobs. This program is for these difficulties. In addition, we operate programs to practice social life. Our society wants to accept people who are already prepared. There aren't any places willing to train them. We help them with the social skills they need to re-enter society after their reclusion.

<u>Flexible and proactive responses</u>

The programs run by the center are not always conducted as planned. Last year, three young people unexpectedly went on a training tour to Yokohama, which wasn't in the one-year business plan. How did we determine this need? During a regular walking program, one young guy said that he was very interested in Japanese culture. I just joked that if we go out into society and do well, it would be nice to go on a trip to Japan together. That evening, I got a call from his parents. They said that they couldn't forget the look on his face when he told them that he was going to Japan. He was so happy and they read his desire to do it. So we looked into Japanese training programs. We contacted K2 International, a Japanese company that Mr. You had mentioned, and asked if there was a program that we could do together in this situation. That's how we came up with the Japanese training program. For a month, they went to Japan and practiced returning to society while living together with Japanese hikikomoris.

한 달 동안 그 친구들이 일본에 가서 일본의 은둔 청년들과 같이 공동생활을 하면서 사회에 복귀하는 연습을 했습니다.

저희 활동이 딱 정답이라고 할 수는 없지만, 현재 은둔 상태에 있는 청년들이 사회에 복귀하려고 할 때 저희가 트리거 역할, 또는 너지 역할을 하면서 동기를 부여하고 청년들의 프로그램 참여를 독려합니다. 그렇게 이들이 자신감을 얻고 나갈 수 있도록 돕고 있어요. 하나의 예로, 작년 크리스마스 때 15명 정도의 청년들이 자조 모임을 만드는 것을 지원한 바가 있습니다. 자신들은 여자친구가 없지만 크리스마스에 혼자 보내는 것보다 서로 같이 보내면 좋겠다고 해서 점심시간부터 카페에서 모이는 자조 모임을 만들었고 계속 잘 운영하고 있습니다. 센터는 이렇게 은둔 성향별, 단계별로 지원하고, 또 원스톱으로 지원하는 프로그램들을 진행합니다. 청년뿐만 아니라 은둔에 진입하는 10대 청소년들까지 지원합니다.

정소익

제가 느끼기에, 광주광역시은둔형외톨이지원센터에서 통상적으로 지원받는 친구들이 5% 정도의 가치코모리라기보다 좀 더 큰 범위, 말하자면 경증의 히키코모리를 대상으로 하는 것같이 보입니다. 맞나요?

백희정

<u>우리가 옆에 있다</u>

아닙니다. 고립과 은둔 간 약간의 차이를 이야기했었는데, 센터는 사실 은둔에 더 중점을 두고 있습니다. 처음 광주에 센터가 만들어졌을 때 다른 지역하고 좀 다르게 광주에는 아예 밖으로 나오지 않는 은둔 당사자들이 아주 많았어요. 가족들이 저희에게 의뢰했지만 당사자는 만나고 싶어 하지 않는 경우, 당사자들은 의지가 없어 보이고, 그러면 지원해야

Our activities may not be the right answer, but when young people who are currently in reclusion try to return to society, we act like a trigger or a nudge, motivating them and encouraging them to participate in programs. In this way the center helps them gain some confidence and move forward. As an example, last Christmas, we supported about 15 young people to form a self-help group. They didn't have girlfriends, but they said they would rather spend Christmas together than alone. So they formed a self-help group that meets at a cafe during lunchtime, and it's been running well. We support them by stages according to the type of reclusion, and we also run one-stop support programs. The center provides support not only for young adults, but also for teenagers who are entering reclusion.

SOIK JUNG

It seems like the Gwangju Hikikomori Support Center usually targets a wider range of people, such as mild hikikomori, rather than supporting the 5% of gachikomori. Is that right?

HEEJUNG PAIK

We are with you

No. We talked about a slight difference between isolation and reclusion. The center actually focuses more on reclusion. When the center was first established in Gwangju, what was a bit different from other regions was there were a lot of recluses who never came out. When they don't want to meet us even though their families ask us for help, when they seem unwilling, people might wonder if we should support them or if it is even possible. However, we continue to provide them with information through home visits, and wait for them to come out on their own when they can. We keep letting them know that the center is right next to them. I can say that the Gwangju

하는지, 가능할지 고민이 들 수 있는데, 저희는 그분들에게도 가정방문을 통해서 계속 정보를 제공하고 나올 수 있을 때 스스로 나오기를 기다려 주고, 나오면 센터가 옆에 있다는 것을 계속 알려드립니다. 광주광역시은둔형외톨이지원센터가 아마 전국에서 가장 은둔이 심한 당사자들을 발굴하고 지원하는 기관이라고 보시면 될 것입니다.

정소익

민간에서도 광주광역시은둔형외톨이지원센터와 같은 활동들을 많이 하고 있습니다. 김효진 대표님, 생명보험사회공헌재단에도 여러 가지 프로그램이 있고, '다들어줄개'도 그중 하나입니다. 그리고 생명 존중 문화 차원에서 다른 프로그램들도 많이 진행하고 있는 것으로 알고 있습니다. 어떤 프로그램이 있는지 간단하게 이야기해 주시면 좋겠습니다.

김효진

<u>자살자 중심에서
자살 예방 중심으로</u>

처음에 재단이 자살이라는 주제를 가지고 사업을 시작할 때는 자살자에 중점을 두었습니다. 이게 2000년대 후반이었는데, 20년 정도 지나면서 이제는 조금 더 예방에 중점을 두고 있습니다. 자살자를 직접 지원한다거나 자살을 못 하게 막는 것이 아니라 그 전에 자살까지 가지 않도록 예방하는 쪽으로, 외로움을 달래고 사회관계를 조금 더 회복시키는 쪽으로 점점 사업들이 변화해 왔습니다.

<u>외로움과 자살의
과정이 다 다르다</u>

생명보험사회공헌재단이 SOS생명의전화를 처음 설치했을

Hikikomori Support Center is the organization that discovers and supports the most reclusive people in Korea.

SOIK JUNG

There are many activities in the private sector similar to those of the Gwangju Hikikomori Support Center. Dr. Kim, the Life Insurance Social Contribution Foundation also has various programs, and *I'll Listen to You* is one of them. I understand that many programs are being carried out by other NGOs in terms of the culture of respect for life. Could you briefly explain what programs there are?

HYO-JIN KIM

From suicidal person-centered to suicide prevention-centered

When the foundation first started its business with the topic of suicide, it focused on the suicide victims. This was in the late 2000s, and after about 20 years, it is now focused more on prevention. Rather than directly supporting the suicide victims or preventing them from committing suicide, the businesses have gradually changed to prevent suicide before it happens. To relieve loneliness and restore social relationships.

Everyone's process of loneliness and suicide is different

When the Life Insurance Social Contribution Foundation first installed the SOS Life Line, the goal was to prevent suicide by jumping. This is because at the time, when people thought of suicide, the first thing that came to mind was going to the Han River. So, we thought that preventing people from jumping into the river was the most urgent task to solve. However, as we started the project and the data accumulated, we realized that

때 목적이 투신자살을 예방하는 것이었어요. 그 당시에는 사람들이 자살이라 하면 한강에 가는 것을 가장 먼저 떠올렸으니까요. 그래서 강에서 뛰어내리지 못하게 하는 것이 가장 시급히 해결해야 할 과제라고 생각했습니다. 그런데 이 사업을 시작하고 데이터가 쌓이다 보니 노인, 청년, 청소년 등 대상마다, 연령대마다 외로움이나 자살까지 도달하는 과정이 다르다는 것을 알게 되었습니다. 일례로, 어르신들은 아무래도 농어촌에 많이 계시다 보니까 농약을 먹고 돌아가시는 경우가 많았기 때문에, 농약 보관함을 설치하고 통장님들을 생명 지킴이로 지정해서 정기적인 가정방문으로 관계를 만들면서 계속 지역 공동체의 관계망을 형성하게 했습니다.

청소년과 청년을 위한 온라인 소통 플랫폼

청소년의 경우 학교를 중심으로 교육했습니다. 처음에 보니, 아이들과 선생님들 사이의 소통은 단절되어 있었고, 청소년들은 오프라인보다 온라인이나 SNS를 통해 소통하는 게 훨씬 더 익숙한 세대인데도 그런 소통 채널이 없었습니다. 일단 어디서든 자기 이야기를 하게끔 만드는 것이 급선무였습니다. 그래서 '다들어줄개'라든가 '힐링 톡톡'[2] 같은 SNS 채널을 통해 다양한 소통 환경을 조성했습니다.
청년들은 코로나19 팬데믹을 거치면서 오프라인 만남을 굉장히 불편해합니다. 핸드폰 채팅을 통해서 사람들을 만나거나, 그냥 러닝크루 등을 통해 관계를 형성하지, 그 이상의 관계, 더 깊은 관계를 불편해하는 거죠. 그래서 재단이 최근에 집중했던 부분은 '플레이라이프'[3]라는 플랫폼을 통해 청년들이 자기 이야기를 할 수 있는 온라인

2. 생명보험사회공헌재단에서 진행하고 서울동행, 소셜밸런스가 함께하는 프로그램으로, 청소년의 마음 힐링을 위해 대학생과 청소년이 만나는 청소년 고민나눔 멘토링 프로그램
https://healingtalktalk.com

3. https://www.playlife.kr
생명보험사회공헌재단에서 운영하고 있는 마음 성장 플랫폼.

the elderly, young adults, and teenagers experienced different processes that led to loneliness or suicide. For example, since many elderly people live in rural areas, there were many cases of them dying after ingesting pesticides, so we installed pesticide storage boxes and designated village heads as life guardians to visit their homes regularly to build relationships. We tried to continue to form a network of local communities.

<u>Online communication platform for teenagers and young adults</u>

In the case of teenagers, education was centered around schools. However, communication between children and teachers was cut off, and teenagers are a generation that is much more accustomed to communicating online or through SNS than offline, but there were no such communication channels. The first priority was to make them tell their stories wherever they were. So, we created various environments for communication through SNS channels such as *I'll Listen to You* and *Healing Talk Talk*[2].

Young people have become very uncomfortable with offline meetings during the COVID-19 pandemic. They meet people through mobile chats or simply form relationships through Running Crew or similar clubs, but they are very uncomfortable with relationships that go beyond that and deeper relationships. So, what the foundation has recently focused on is creating a platform called *Play Life*[3] to create a space where young people can tell their stories online, and show interview videos of people who young people would consider

[2] A program run by the Life Insurance Social Contribution Foundation in cooperation with Seoul Donghaeng and Social Balance, a youth worry sharing mentoring program where college students and teenagers meet to heal the minds of teenagers. https://healingtalktalk.com/

[3] https://www.playlife.kr/ Mind Growth Platform operated by Life Insurance Social Contribution.

장을 만들고, 청년들이 생각하는 본보기가 될 만한 사람들의 인터뷰 영상을 보여 주는 것이었습니다. 부모님들이 말하는 것처럼 대학을 가고 대기업을 가는 굉장히 정형화된 삶을 사는 사람들 대신 그냥 자기 일을 하면서 '보편적인' 길에서 조금 벗어난 사람들의 모습을 SNS나 매스컴을 통해서 많이 보여 주었어요. 어떤 선택을 하든지 자신감이 있으면, 자신이 정말 중심에 바로 서 있으면 불안해하지 않아도 된다는 메시지를 SNS와 사람들의 이야기를 통해서, 그리고 책이라는 매개체를 통해서 계속해서 소통했습니다. 이런 소통에 관해 저희가 연간 설문조사를 했을 때 받은 피드백은 앞서 서영석 교수님께서 말씀하신 '격차'와 같은 선상에 있었습니다. 나만 그런 게 아니구나, 나만 불안한 게 아니었어, 이렇게 살아도 괜찮다, 다른 사람들의 삶을 보고 나에게 투영하면서 불안감을 해소했다, 이렇게 말했습니다.

<u>한 명의 삶이라도
우리를 통해 바뀐다면</u>

플레이라이프를 처음 만들었을 때는 몇 명이 보았는지 등의 데이터에 굉장히 신경을 많이 써야 해서 어려움이 있었지만, 이제는 '한 명의 삶이라도 우리를 통해 바뀐다면 의미가 있다'라는 부분에 공감하며 계속 운영하고 있습니다. 다행히 이에 대한 사회적 공감대가 형성되고 있어 앞으로도 계속 사업을 할 수 있을 것으로 생각합니다.

정소익
참 지난한 과정이죠. 특히 현장에서 어떤 개입이나 사회복지 실천을 할 때 데이터가 중요하다고 하지만, 데이터와 개인의 가치, '한 사람이라도' 사이에는 항상 차이가 있고 갈등이 있는 것 같습니다.

as role models. Through SNS and the media, we show people who have deviated from the "normal" path by just doing their own work, instead of people who live very stereotypical lives as suggested by their parents, going to college and working at large companies. With SNS, people's stories, and books, we have continuously communicated the message that if you have confidence in whatever choice you make and if you really stand at the center, you don't have to be anxious. The feedback we received when we conducted an annual survey on these communications was in line with the gap that Professor Seo mentioned earlier. They realized that they weren't the only one, that they weren't the only one feeling anxious, that it was okay to live like this, and that they were able to relieve their anxiety by projecting onto themselves the lives of other people.

<u>If even one person's life changes through us</u>

When we first created the platform Play Life, we had a hard time because we were very concerned about data such as how many people viewed it, but now we continue to operate it with the understanding that "it is meaningful if even one person's life changes through us." Fortunately, there is a social consensus on this now, so I think we will be able to continue the business in the future.

SOIK JUNG

It is a very difficult process. In particular, when conducting interventions or practicing social welfare in the field, data is said to be important, but there always seems to be a difference and conflict between the data and the value of each individual, "even one person."

<u>Relationships to relieve loneliness in relationships?</u>

관계에서 오는 외로움을 관계로 치유한다?

이어서, 제가 사전 인터뷰를 진행하면서 여쭤봤던 것을 다시 거론하겠습니다. 한국에서는 많은 사람이 관계 안에서 상처받고, 그로 인해 외롭고, 스스로 물러나고, 은둔 상태까지 가는데, 그 사람들을 치유하는 방법, 즉 그들에게 제공하는 사회 서비스와 개입의 방법이 여전히 관계라는 것이 모순적이라고 생각할 수 있습니다. '관계'에서 상처받았는데 그것을 또 '관계' 맺는 것으로 해결한다? 두 '관계' 사이에 드러나지 않은 세부 내용, 차이점이 무엇인지 묻게 됩니다. 왜냐하면, 영국의 사회 서비스, 복지 개입의 방법도 똑같이 관계를 만드는 거였거든요. 그러니까 물리적으로 너무 관계가 없어서 외로운 사람들을 자조 그룹이나 커뮤니티센터를 통해 만나게 하는 개입도 관계를 만드는 것이고, 한국처럼 사람들 사이에 끼어서 너무 상처받고 힘들 때도 관계를 바탕으로 개입하려 한다는 겁니다. 이게 뭘까요? 관계에서 생긴 외로움을 관계로 해소한다는 게 어떤 것인지, 그게 왜 가능한지, 왜 필요한지 같은 질문이기도 합니다.

온라인 커뮤니티, 어떻게 할 것인가

연결해서, 하나 더 여쭤보겠습니다. 온라인 이야기도 나왔는데, 사실 청년들은 온라인 커뮤니티 활동을 엄청나게 많이 하고 있고, 문자로 소통하기를 편하게 생각합니다. 그래서 온라인 커뮤니티도 커뮤니티니까 온라인 교류만으로 모든 인간관계를 해결할 수 있다고 방만하게 생각할 수도 있습니다. 코로나 19 팬데믹을 지나면서 온라인 수업만 가지고 충분하지 않음을 경험적으로 배웠고 물리적인 접촉이 필요함도 알게 되었지만요. 어쨌든 온라인 커뮤니티가 오프라인

Next, I will ask you again what I have been asking you during the preliminary interview. In Korea, many people are hurt in relationships, and as a result, they become lonely, withdraw, and even become reclusive. It may seem a bit contradictory that the method of healing them, that is, the method of social services and interventions provided to them, still relies on relationships. They were hurt in a relationship, but they are resolved by forming another relationship? It makes you ask what are the hidden details and differences between the two relationships. This is because the social services and welfare intervention in the UK are also about creating relationships. That is, making people who are lonely because they are too physically disconnected meet through self-help groups or community centers is all about creating relationships. And in Korea, interventions for those who are hurt and have a hard time because they are involved with other people are also to create relationships. How can this be? This is the same as asking what it means to relieve loneliness from relationships through relationships, why it is possible, and why it is necessary.

Approaches to online communities

In addition, I have one more question. We talked about online relationships. In fact, young people are very active in online communities and find it comfortable to communicate through text messages. So, since online communities are also communities, people may presumptuously think that they can solve all their interpersonal relationships through online interactions. Although, through the COVID-19 pandemic, we have learned from experience that online classes alone are not enough, and that some physical contact is necessary. Now, online communities are as active as, or even more so

커뮤니티만큼, 또는 그 이상으로 굉장히 활성화되어 있는 지금, 온라인 커뮤니티에 대해서 우리가 어떻게 생각하고 어떻게 접근하면 좋을지 말씀해 주시면 좋겠습니다.

서영석

<u>보호받는 관계, 있는 그대로</u>
<u>인정받는 관계</u>

학생들은 외로움에 대한 해결책도 내놓았는데, 그중 하나는 어떤 한 명이라도 진정한 관계가 있으면 좋겠다는 것이었어요. 즉, 그 '관계'에서 풀어 보고 싶어 했습니다. 진정성이라는 말을 이들이 했을 때, 무엇을 말하는지 궁금했습니다. 진정성은 몹시 어려운 개념이에요. 제가 정의하는 진정성이 있고 청년들이 정의하는 진정성이 있고. 그래서 제가 진정성 반대편에 있는 개념은 뭐냐고 물었습니다. 그랬더니, '이해관계'를 말했습니다. 관계를 원하는데, 관계 때문에 상처를 입고, 그래서 외로움을 경험하지만 또 새로운 관계, 진정한 관계를 원했습니다. 이게 핵심인데, 그냥 소속감을 느끼고 싶고, 평가받지 않고 이해받고 싶고, 있는 그대로 수용받는 관계를 원했습니다. 여기까지 이야기가 나온 후에, 제가 상담하는 사람이니까 계속 묻다 보니 단어가 하나 더 나왔습니다. '보호받고 싶다.' 아주 건강한 친구들인데 보호받고 싶다고 이야기합니다. 그래서 뭘 보호받고 싶은지 물었더니, 그냥 자신이 괜찮다는 것을 인정받고 싶답니다. 관계 안에 있어도 제가 부족해요, 부적절합니다, 제가 규범에 뒤처져요, 뭔가 제가 뒤처지는 것 같아요, 없는 것 같아요, 늘 부족하고 늘 불안하고, 그런 것에서 보호받고 싶다고 이야기했습니다. 그냥 있는 그대로 괜찮다고 하는 모임이 있으면 좋겠다, 그게 단 한 명이라도. 청년들은 획일화된 어떤 기준을 강요하는 한국 사회에서 그냥 있는 그대로 인정받고 싶은 겁니다. 그게 없으니까요. 이런 것을 '보호'라는 말로 표현하는 듯합니다.

than offline communities. I would like you to tell us what you think about online communities and how we should approach them.

YOUNG SEOK SEO

<u>Relationships, where they are protected and accepted as they are</u>

Students also came up with solutions to loneliness. One of them was that they would like to have an authentic relationship with at least one person. In other words, they wanted to solve loneliness in that *relationship*. When they talked about authenticity, I was curious about what they meant. Authenticity is a very difficult concept. There is the authenticity that I define, and the authenticity that the young people define. So, I asked them what the concept on the other side of authenticity is. They said, *interest*. They wanted relationships, but because of relationships, they got hurt, and because of that, they experienced loneliness, but they still wanted relationships. They wanted a new relationship. A new authentic relationship. This is the key, they just wanted to feel a sense of belonging, to be understood without being judged, and to be accepted as they are. After they got to that point, since I'm the one counseling them, I asked them more, and another term emerged. "I want to be protected." They are very healthy young people, but they said they want to be protected. So, I asked them how they wanted to be protected, and they said they just want to be acknowledged that they are okay: "Even when I am in a relationship, I feel inadequate, I fall behind the norm, I feel like I am falling behind, I feel like I have nothing, always inadequate and always anxious, I want to be protected from that." They wanted a group that says it is okay just the way it is, even if it is just one person. Our Korean youth, just wanted to be recognized as they are in a Korean society that forces certain uniform standards.

그래서 관계에서 치유되고 싶은 마음이 실제로 있고, 그 관계는
상처받는 관계와 좀 다른 관계라고 이해했습니다.

정소익

지금 말씀은, 상처받는 관계와 치유되는 관계가 다 관계이지만
그 내용이 다르다는 것이네요.

서영석

<u>진정성 있는 공동체</u>

공동체에서 만나서 자조 모임을 하는 것이 뭔가 다르다고
느끼고 자신들이 원하는 그 다른 공동체, 모임이 뭔지 다
압니다. 무슨 커뮤니티가 있다, 광주에도 있고, 경기도에 있고,
거기서는 서로 달라도 다양성이 인정되고 그냥 각자 모여서
같이 동질감을 느끼게 한다, 그런 걸 알고 있었습니다.

정소익

청년들이 그런 커뮤니티나 모임에 가나요?

서영석

안 가죠.

정소익

왜 안 갈까요?

서영석

<u>외롭다고 말하지 못한다</u>

앞서 제가 외로움이 감염이 안 된다고 한 것처럼, 이들은
표현을 못 하는 겁니다. 외롭다고 이야기를 못 합니다. 그래서
이 친구들이 제안한 게, 2023년에 국회미래연구원에서

Because this does not happen, I think they expressed this in terms of "protection." I understood that there is a real desire to be healed in a relationship, and that this relationship is a little different from the relationship where you get hurt.

SOIK JUNG
What you're saying is, a relationship that gets hurt and a relationship that gets healed are both relationships, but their contents are different.

YOUNG SEOK SEO

<u>Communities with authenticity</u>

They feel that there is something different about meeting in a community and having a self-help group. They knew that there were communities, like the community in Gwangju, or the one in Gyeonggi-do, where people are different but their diversity is acknowledged and they just come together and feel a sense of identity.

SOIK JUNG
Do Korean youth participate in such communities or gatherings?

YOUNG SEOK SEO
No, they don't.

SOIK JUNG
Why not?

YOUNG SEOK SEO

<u>Not being able to say
they are lonely</u>

I said earlier that loneliness is not contagious, but they can't express it. They can't say that they're lonely. So, they

처음으로 7대 광역시 청년의 삶을 조사했는데4, 그런 연구에
외로움 문항을 좀 포함해 달라, 청년들이 외롭다고 하는 게
자연스럽고 얼마나 외로운지를 좀 알아야 하지 않겠냐, 그래서
외롭다고 이야기하는 것이 괜찮고 외로워도 괜찮았으면
좋겠다, 외로운 청년들이 많다는 것을 알리고, 표현해도
괜찮았으면 좋겠다는 것이었습니다.

정소익

자신들의 상태가 외로운 상태라는 건 알고 있던가요? 아니면
이 계절학기 과제를 통해서 자신들의 상태에 외로움이란
이름을 드디어 붙이게 된 건가요?

서영석

<u>외로움을 공유하며 위로받다</u>

압니다. 그래서 그런지 이번에 청년 17개 팀에 너희들이
경험한 외로움을 찾아보라는 수업이 끝났을 때는 꾸벅,
'교수님 강의 잘 들었습니다' 그런 이야기를 했습니다. 보통은
강의 끝날 때 빈말이라도 '교수님 감사합니다' 하는 친구들을
눈 씻고 봐도 없고, 학생들 가르치는 게 너무 힘들거든요. 왜
그럴까, 자신들의 이야기를 할 수 있는 기회를 가져서 매우
겸손해지는 것인가. 제가 생각하기에는 그렇습니다. 수업을
통해서 내가 외롭구나, 우리 청년들이 외롭구나, 나만 그런 게
아니네, 이런 위안과 위로를
받은 것이 아닐까 생각합니다.

백희정

<u>안전한 관계, 안전한 공간</u>

관계에서 상처받았는데
다시 관계로 그 상처를

4. 국회미래연구원은 2023년 12월 4일
「대도시 청년들의 삶의 만족도: 7대 광역시를
중심으로」 보고서를 발간했다. 전국 대도시
청년들의 삶의 만족도에 있어 차이가
나타나는지 살펴보기 위해 국회미래연구원이
실시한 2022년 한국인의 행복조사 자료를
활용한 보고서로, 해당 자료 중 서울, 부산,
대구, 인천, 광주, 대전, 울산 등 특별시,
광역시의 7개 지역에 거주하는 20-39살 청년
2,151명을 표본으로 선정하여 지역별 청년들의
삶의 만족도 수준과 특징을 비교했다. 출처:
국가전략정보포털 https://nsp.nanet.go.kr

suggest including some loneliness questions in studies, such as *Life Satisfaction of Young People in Metropolitan Cities* conducted by the National Assembly Research Service in 2023[4]. They wanted people to know that it is natural for young people to say they are lonely, and also how lonely young people are. They hoped that it would be okay to talk about being lonely and that being lonely was also okay. They wanted to let people know that there are many lonely young people, and to express their loneliness.

SOIK JUNG

Did they know that their condition was one of loneliness? Or did they finally give their condition a name through the winter semester's project?

YOUNG SEOK SEO

<u>Finding solace in sharing one's loneliness</u>

They know. Perhaps that's why students bowed at the end of the project and said "Professor, thank you for the lecture." Usually, I can't find anyone who says, "Thank you, Professor," even if it's just empty words, teaching students is so hard. Why did they do that? Did they become more humble because they had the opportunity to tell their stories? I think so. I think they received comfort and consolation through the class, thinking, "I'm lonely,

4. The National Assembly Research Service conducted the first survey of the lives of young people in the seven metropolitan cities, and on December 4, 2023 published a report titled *Life Satisfaction of Young People in Metropolitan Cities: Focusing on the Seven Metropolitan Cities*. The report uses data from the 2022 Korean Happiness Survey conducted by the National Assembly Research Service to examine whether there are differences in life satisfaction among young people in large cities across the country. Among the data, 2,151 young people aged 20-39 living in 7 special cities and metropolitan cities including Seoul, Busan, Daegu, Incheon, Gwangju, Daejeon, and Ulsan were selected as samples, and the life satisfaction level and characteristics of young people by region were compared.
(Source: National Strategy Information Portal https://nsp.nanet.go.kr/)

회복한다기보다, 새로운 관계를 통해 회복한다거나, 그
전에는 못 했지만 이제는 한 번 더 잘해 보고 싶은 마음이 있는
것 같아요. 자조 커뮤니티에서는 굉장히 이야기를 잘하는
편이니까요. 익명성이 보장되어 있어서 그런 것일 수 있습니다.
저는 아까 서영석 교수님께서 말씀하신 '보호받고 싶다'라는
것이, 청년들이 사실은 안전한 공간이나 안전한 관계를 원한다는
의미라고 생각해요. 은둔 고립 청년들에게 집 밖에 나와도
괜찮다, 안전한 곳이 있다고 이야기하지만 실제로는 없습니다.
센터가 그 친구들을 위해 안전한 공간을 주고 안전한 관계를
맺으려 하니 센터에 와서는 그래도 나름대로 자신의 이야기는
잘하는 편이에요. 안전하다고 느껴지니까 그런 것 같습니다.

연결하고 싶어 한다

저는 청년들이 연결하고 싶어 한다는 것에 초점을 맞추고
싶어요. 은둔하고 있는 청년들, 모든 청년이 어떤 방식으로든
연결하고 싶어 하는 것 같습니다. 그런데 거기에 어떤 어려움이
생겼고, 그래서 온라인 커뮤니티 같은 새로운 방식으로
연결하고 싶은 욕구들이 있다고 생각합니다.

최은수

외로움 전염병, 그러나 혼자어도 괜찮다?

관계 때문에 힘들어서 후퇴했는데 또 관계가 없어서
외로워하는 딜레마를 말씀하셨는데, 앞서 유승규 대표님께서
이게 아주 세계적인 현상인 것 같다고 말씀하신 것처럼, 그
딜레마가 비단 한국만의 현상은
아닙니다. 미국에서 최근
젊은이들 위주로 진행한 연구[5]
데이터를 보면, 2023년도의

5. Atalay, E. (2024). A twenty-first century of solitude? Time alone and together in the United States. *Journal of Population Economics.* 37(1), 12.

we young people are lonely, I'm not the only one."

HEEJUNG PAIK

Safe relationships, safe spaces

I think, rather than recovering from a relationship that hurt them, they want to recover through a new relationship, or they want to try again, even though they couldn't do it before. They tend to talk a lot in self-help communities, because anonymity is guaranteed. What Professor Seo said earlier "they want to be protected" would mean that Korean youth actually want a safe space or a safe relationship. We tell reclusive youth that it's okay to go out and that there are safe places, but in reality, there aren't. Since the center provides a safe space for them and tries to build safe relationships, they tend to talk about their stories when they come to the center. I think it's because they feel safe.

Korean youth want to connect

I want to focus on the fact that Korean youth want to connect. Reclusive youth, and all young people, want to connect in some way. But there are challenges, so they desire to connect in new ways, like online communities.

EUNSOO CHOI

The loneliness epidemic, is it okay to be alone?

You mentioned the dilemma of retreating because of difficulties in relationships, but then feeling lonely because of the lack of relationships. As Mr. You said earlier, this seems to be a very global phenomenon, not unique to Korea. According to a recent study[5]

5. Atalay, E. (2024). A twenty-first century of solitude? Time alone and together in the United States. *Journal of Population Economics*, 37(1), 12.

젊은 세대가 다른 사람들과 사회적 교류를 하는 시간이 20년 전에 비해 35% 줄었다고 합니다. 그만큼 혼자 보내는 시간이 많다는 것이고, 관계가 좋고 편하면 관계 속에서 시간을 보낼 텐데 그만큼 불편하다는 이야기인 것 같습니다. 'Loneliness Epidemic'[6]이라는 표현도 많이 쓰입니다. 실제로 사람들의 외로움을 측정해 보면, 홀로 보내는 시간이 굉장히 늘어났음에도 불구하고 별로 외롭지는 않다고 보고합니다. 어떻게 보면 이게 진짜 문제일 수 있어요. 외로움이라는 정서는 일종의 신호이기 때문에 그 신호가 포착되면 어떤 행동으로 이어져야 하는 기제를 가집니다. 외로우면 그 결핍을 채우기 위해서 다른 사람들을 찾아 나서야겠다는 생각이 이어져야 하지만, 홀로 있는 시간이 괜찮은 세대가 되어 버린 것 같습니다.

인간은 함께 있을 때 행복하다

그럼에도, 왜 관계가 계속 그 해결책으로 등장하느냐에 대한 답은 정말 간단할 것입니다. 왜냐하면, 다들 아시는 것처럼, 인간은 사회적인 동물이어서 사회적인 접촉이 있어야 만족감을 느끼고 행복하도록 진화해 왔기 때문입니다. 실제로 사람들이 실시간으로 행복을 보고하게끔 하는 연구를 보면, 사람들은 혼자 있을 때보다 다른 사람과 있을 때 더 행복하다고 항상 보고합니다. 물론 관계에 따라서 조금 달라지기는 합니다. 유일하게 행복감이 떨어지는 관계는 직장 상사고요. 그 관계를 제외하고 혼자 있는 것보다 그래도 누군가와 같이 있을 때 더 즐겁다고 보고해요. 그만큼 관계로부터 얻는 행복감이나 만족감을 대체하기가 사실은 매우 어렵습니다.

6. Loneliness Epidemic, 즉 '외로움 전염병'은 전 세계인들이 경험하는 외로움과 사회적 고립의 지속적인 추세이다. 외로움 전염병의 증가는 2010년대에 시작되었다고 하며, 코로나 팬데믹 동안 사회적 거리두기, 외부활동 금지 명령 등으로 물리적 고립으로 더 악화되었을 수 있다. 출처: 위키피디아 https://en.wikipedia.org/wiki/Loneliness_epidemic

conducted in the United States focusing on young people, in 2023 the younger generation spent 35% less time socially interacting with others than 20 years ago. This means that they spend a lot of time alone. If their relationships were good and comfortable, they would spend time in the relationship, but they feel uncomfortable. The expression *loneliness epidemic*[6] is also often used. When people measure their loneliness, they report that they are not very lonely despite the significant increase in the amount of time they spend alone. In some ways, this may be a real problem. Since the emotion of loneliness is a kind of signal, there should be a mechanism that leads to some action when that signal is detected. If we are lonely, we should think that we should seek out other people to fill this void. However, it seems that we have become a generation that is okay with being alone.

Humans are happy when they are together

Nevertheless, the answer to why relationships continue to come up as the solution is really simple. Because, as we all know, humans are social animals and have evolved to feel satisfied and happy when they have social contact. In fact, when you look at studies that ask people to report their happiness in real time, people always report that they are happier when they are with others than when they are alone. Of course, it varies a little depending on the relationship. The only relationship where happiness decreases is with a boss at work. Aside from

6. The loneliness epidemic is the ongoing trend of loneliness and social isolation experienced by people all over the world. The increase in the loneliness epidemic is said to have started in the 2010s, and may have been worsened by physical isolation due to social distancing and bans on outdoor activities during the COVID-19 pandemic.
(Source: Wikipedia https://en.wikipedia.org/wiki/Loneliness_epidemic)

편리한 혼자 있음에 밀리는 인간관계

한편으로는, 관계가 더 어려워지고 불편해지는 것에 대한 인내심이 약간 떨어지고 있지 않는지 생각하게 돼요. 제가 아는 분들한테 외로운 적 있냐고 물어보면, 인터넷이 발명된 이후에는 별로 안 외롭다고 말씀하세요. 그만큼 혼자 보내는 시간을 아주 재미있게 보낼 수 있는 여지가 늘어나서 그런 것 같아요. 이론적으로나 연구들에서 보면 관계를 대체할 수 있는 것이 없으므로 관계를 회복하는 데 노력을 기울여야 하는 것이 맞습니다. 그러나 그만큼 강력한 힘으로 작용하는 다른 환경, 즉 스마트폰이라든가 인터넷의 편리함 같은 것들이 있어서 관계를 매우 의식적으로 선택해야 하는 문제가 생길 수 있고, 그냥 자연스럽게 내버려 두면 사람들이 불편한 것을 피하고 편한 것을 찾기가 아주 쉬울 것 같다는 생각이 듭니다. 그렇지만 이런 현상의 위험성이나 폐해를 공유하는 사람들이 늘어나면, 불편하더라도 관계를 이어가는 것의 중요성을 강조하는 사람들이 늘어날 것입니다.

정소익

온라인 커뮤니티에 몰입하는 것에 부작용 같은 것도 있을 듯합니다.

최은수

온라인 커뮤니티로 인해 정신건강이 악화된다

부정적인 영향을 끼칩니다. 최근에 『불안 세대』라고 하는 책이 한국에서도 많이 팔리고 있습니다. 저자인 사회심리학자 조너선 하이트가 주장하는 바는 2009년 스마트폰이 발명된 이후에 특히

7. 조너선 하이트. 이충호 역. 2024. 『불안 세대』. 파주시: 웅진지식하우스.

that relationship, people report that they are happier when they are with someone than when they are alone. It is actually very difficult to replace the happiness or satisfaction that they get from relationships.

Convenient time alone puts relationships on the back burner

On the one hand, I think we are losing some patience with relationships becoming more difficult and uncomfortable. When I ask people I know if they have ever been lonely, they say they have not been lonely much since the invention of the Internet. Probably because there are more opportunities to enjoy the time spent alone. In theory and research, it is true that there is no substitute for relationships, so we should make efforts to restore relationships. However, there are other environments that act as powerful stimulants, such as smartphones and the convenience of the Internet, so there may be a problem where we have to consciously choose relationships. If we just let it go, it would be very easy for people to avoid uncomfortable things and seek comfortable things. Despite all of this, if more people share the risks and harms of this phenomenon, more people may emphasize the importance of maintaining relationships even if it is uncomfortable.

SOIK JUNG

There would also be some negative side effects to being immersed in an online community.

EUNSOO CHOI

Online communities worsen mental health

It does have a negative impact. Recently, the book

7. Haidt, J. (2024). *The anxious generation: How the great rewiring of childhood is causing an epidemic of mental illness.* Random House.

10대, 20대 초반 젊은 세대들의 정신건강이 굉장히 악화했다는 겁니다. 스마트폰이 어떻게 정신건강을 악화시키는지 그 기제는 지금 잘 모르지만, 둘 간 상관관계는 굉장히 높은 것으로 나타났습니다. 스마트폰으로 온라인 커뮤니티 외에도 다른 것들을 많이 하니까 정신건강의 악화가 온라인 커뮤니티의 부작용이라고 단정하기는 어렵습니다. 그러나 소셜미디어와 SNS 사용이 불안, 우울과 자해, 자살과 굉장히 높은 관계가 있다고 합니다. 그렇다고 온라인 커뮤니티가 다 나쁘다는 건 절대 아닙니다. 온라인 커뮤니티는 가치관이나 생각을 공유하는 사람들을 만나는 공간이고, 그로부터 얻는 소속감이 대단히 중요하다는 것을 알아요. 다만 그게 오프라인 커뮤니티나 대면 활동을 대체하기는 어렵다고 생각해요.

김효진

<u>사람 대 사람으로 맺는
관계를 원한다</u>

저는 제 삶에서 일어나는 일들로 풀어 말씀드리려 합니다. 저도 대학에서 겸임교수를 하면서 학생들을 가르쳤는데, 그때 자립지원청년이면서 장애인인 친구도 있었고, 수급자이고 폭력 가정에 있는 친구도 있었습니다. 저는 그 친구들을 교수와 제자로 만났지만, 그들에게 수업 시간 외에 저녁 시간과 주말 시간을 굉장히 많이 할애했어요. 쉬는 시간, 저녁 시간에 이들이 가지고 온 문제를 함께 이야기했습니다. 제가 그때 이들을 보면서 느꼈던 것은, 뭔가를 소통하고 싶어 하고 교수가 아닌 선배나 누나, 언니와 대화하고 싶어 하는 바람이 매우 크다는 것이었어요. 저 또한 그 나이 때 그랬고 누군가가 한마디 해 주는 것이 대단히 큰 힘이 됐기 때문에, 저도 어쩌면 누군가에게 그런 대상이 될 수 있지 않을까 싶었습니다. 그렇게 소통하는 친구가 한 명, 두 명 생기더니, 그 친구들이 자기 친구들을 또 데려오고, 같이 밥도 먹고 이야기를

The Anxious Generation[7] is also selling well in Korea. The author, social psychologist Jonathan Haidt, argues that since the invention of smartphones in 2009, the mental health of young generations, especially those in their teens and early twenties, has deteriorated significantly. The mechanism of how smartphones worsen mental health is not yet well understood, but the correlation between the two has been shown to be very high. Since many people use smartphones for other things besides online communities, it is difficult to conclude that the deterioration of mental health is a side effect of online communities. However, it is said that the use of social media and SNS is highly correlated with anxiety, depression, self-harm, and suicide. I am not saying that online communities are all bad. I know that online communities are places where we can meet people who share our values and thoughts, and the sense of belonging you get from them is very important. However, I don't think it's a good substitute for offline communities or face-to-face activities.

HYO-JIN KIM

Korean youth want a person-to person relationship

I will try to explain it through events in my life. I taught students as an adjunct professor at a university, and at that time, there was a self-reliant person with disabilities, and also a recipient of basic living who was living with a violent family. I met them in the capacity of a professor to the students, but I devoted a lot of my evenings and weekends to them outside of class hours. During breaks and evenings, they would come to me with their problems and talk with me. What I felt then was that they had a strong need to communicate something and talk to their seniors, older sisters or brothers, not professors. I was like that at that age, and someone saying something to me was

나누게 되었습니다. 이때 자립지원청년들이 했던 이야기가, 지자체에서 은둔고립지원센터나 청년지원센터를 만들고 정말 많은 지원을 하는데, 센터 선생님들에게 너무 감사하지만 그분들에게는 물어볼 수 없는 게 있다는 거였어요. 예를 들어, 자기는 부모님이 안 계시는데, TV에서는 예식장에 들어갈 때 꼭 아빠 손을 붙들고 들어가더라고 이야기해요. 이 친구들이 본 사례는 그거밖에 없는 것이지요. 그래서 제가 그때, 아니다, 아빠 손 안 붙들고 들어가도 된다고 했더니 정말이냐고 되물었습니다. 이 친구들이 원하는 것은 자신에게 필요한 것이나 돈이 없고 교육을 못 받는 것에 대한 지원이 아니고, 예식장 입장 같은 것들을 물어볼 수 있는 언니 오빠들이었던 겁니다. 그런 대화를 해 주는 사람이 없다고 했습니다. 저도, 서영석 교수님 말씀처럼, 청년들이 원하는 것이 진정한 관계라고 생각해요. 이해관계로 묶여 있지 않은 관계. 센터에서 일을 하는 선생님과 이용자의 관계가 아니라, 그 선생님과 사람 대 사람으로 맺는 관계를 조금 더 원하는 듯합니다. 그런데 우리 활동이 거기까지 안 들어가는 건 아닐까요? 우리가 상담 지원이나 다른 개입을 할 때 아주 중요한 부분이 라포 형성이라고 하는데, 그 라포 형성을 어디까지 할지 고민이 필요하다고 생각합니다.

정소익

<u>지금 우리가 할 일은?</u>

관계라는 것이 역시 쉽지 않고, 어려운 상황에 있고 문제인 듯합니다. 오늘 계속해서 한국의 문화, 공동체, 사회 환경이 이러이러해서 우리가 더 힘들다, 절절하게 외롭다는 이야기를 나누었습니다. 저는 이제, 우리가 그 외로움의 원인에 접근해서 외로움을 해소하려면 무엇을 해야 할지 묻겠습니다. 우리는 무엇을 해야 할까요? 결국 외로움의 큰 원인인 한국 사회, 한국 문화를 바꿔야 하는 걸까요? 그게 가능한 것일까요?

a huge help, so I thought that maybe I could be that kind of person to someone. Initially there were one or two who communicated like that, then they brought their friends over, we ate and talked together. At that time, the self-reliant student said that the local governments created the hikikomori support center, youth support center, etc., and they were very grateful to the center workers, but there were things they could not ask them. For example, she had no parents, but on TV people entered the wedding hall always holding their father's hand. That was the only case she had ever seen. So, when I told her that she could enter without holding her father's hand, she asked if that was true. What they wanted was not support for things they needed or for not having money or education, but for older sisters and brothers who they could ask about things like entering the wedding hall. There was no one to talk to them like that. I think, as Professor Seo mentioned, that what Korean youth want is an authentic relationship. A relationship that is not bound by interests. Rather than a relationship between the workers at the center and the users, they want a more person-to-person relationship with the workers. But I wonder if our activities do not go that far. When we provide counseling support or other services, a very important element is rapport building, and we would need to think about how far we should go in building that rapport.

SOIK JUNG

What are we to do now?

Relationships are not easy, entail difficult situations, and can be problematic. Today, we continued to talk about how Korea's culture, community, and social environment are such that we have a harder time and are desperately lonely. I then ask what we should do to approach the cause of that loneliness and resolve it. What should we do? Should we change Korean society and culture,

수도권 바깥 지역의 발전을 위해서 KTX를 놨더니 수도권만 더 복작복작해져 버린 그런 상황처럼, 우리가 뭔가 일을 벌였을 때 이 뿌리 깊은 문화가 과연 바뀌지 않고 오히려 역작용만 생기지 않을까요? 문화를 제대로 바꾸지 못하면 외로움이 아예 안 없어지는 거 아닐까요? 오히려 더 심해지기만 하는 것은 아닐까요? 다소 회의적인 생각들을 피하기 힘듭니다. 그럼에도 어쨌든 우리가 연구하고, 이런 이야기도 나누고, 좀 더 다각적인 측면으로 접근해 보는 것은 조금씩이라도 변화하길 바라고, 변화가 있어야 한다고 생각하기 때문일 것입니다. 이제 네 분 모두에게 제가 여쭙고 싶습니다. 앞으로 우리가 할 수 있는 건 무엇일까요?

최은수

<u>모든 청년에게
가혹한 한국 사회</u>

제가 만나는 학생들이 주로 고려대학교 다니는 학부생이나 대학원생이니까 사실 한국에서는 명문대생의 특혜를 받고 지위가 어느 정도 있는 친구들인데도 불구하고, 결코 덜 불안하지 않아 보여요. 물론 이 친구들을 다른 더 열악한 환경에 있는 친구들과 똑같이 대해야 한다는 의미는 아닙니다. 다만 이 사회가 어쩌면 소위 엘리트 집단에도 매우 가혹한 사회이고, 그들에게조차 그렇게 가혹하다면 그 외의 집단, 더 많은 다수에게는 어떨까, 이런 생각을 많이 합니다.

<u>다양한 생각들을
열린 마음으로 소통하기</u>

청년들은 자기보다 더 오랜 세월을 살아서 인생을 잘 알 것 같은 어른들이 이야기하는 정답이나 기준에 도달하지 못할까 봐 굉장히 전전긍긍하지만, 어른들은 자기 세대에서

which are the major causes of loneliness? Is that possible? Just like the situation where the KTX was installed to develop areas outside Seoul, but only the Seoul region became more crowded, won't "doing something" just have the opposite effect, not really changing this deep-rooted culture? If we don't change the culture properly, what if loneliness never disappears? What if we end up just making it worse? It's hard to avoid some skeptical thoughts. Nevertheless, the reason we are researching and talking about this, and approaching it from a more multifaceted perspective is because we hope to change, even if it's just a little bit, and we believe that there needs to be change. Now, I would like to ask all four of you, what can we do going forward?

EUNSOO CHOI

Korean society is harsh on all youth

Most of the students I meet are undergraduates or graduate students at Korea University. So, in fact, in Korea, they are those who have received special privileges as students at prestigious universities and have a certain level of status, but they do not seem to be less anxious. Of course, this does not mean that they should be treated the same as others in worse environments. However, I often think that this society is very harsh even to the so-called elite group, and if it is so harsh even to them, what about the other groups, the majority?

Communicate diverse thoughts with an open mind

Korean youth are very anxious about not being able to get the correct answers or reach the standards that their elders who have lived longer than them and seem to know life well talk about. However, their elders only give advice centered on values that were considered

중요하다고 여겨졌던 가치들 위주로 조언해 줄 뿐이지 거기에
도달하기 쉽지 않아져 버린 환경의 변화는 그만큼 절실하게
이해하지 못하는 듯해요. 이런 세대 간 생각 차이가 있습니다.
아무래도 모두의 생각이 조금씩 바뀌어야 할 것 같습니다.
저는 기성세대가 조금 더 다양한 관점에 대해서 열린 태도를
가질 필요가 있다고 생각해요. 계속 대학 입시, 대기업
정규직이 중요하게 여겨지고, 여기에서 도태되는 것 같은
느낌의 외로움을 이렇게 많은 청년이 느끼고 있는데, 사실 그
길만 있는 것이 아니라는 이야기를 어른들이 더 많이 해 주면
청년들은 훨씬 더 안전함을 느끼고 더 진정성 있게 사람들과
소통할 수 있겠다는 희망을 품게 될 겁니다. 사실 서로
이야기를 안 해서 그렇지 이런 비슷한 생각을 하는 사람들이
생각보다 많을 수 있어요. 미디어에서 들리는 목소리, 스피커가
크기 때문에 일부가 더 대변되고 메이저처럼 보이지만 사실은
그렇지 않을 수 있고요. 우리가 알고 있는 규범이 실제로
모든 사람의 생각을 대변하는 것이 아닐 수도 있습니다.
계속해서 다양한 생각들이 있음을 서로 소통하는 것이 변화의
출발점이지 않을까 생각합니다.

백희정

<u>외로움은 자연스러운 것</u>

제가 광주광역시은둔형외톨이지원센터에서 일하고 있다고
다른 사람한테 이야기하면, 저희가 지원해야 하는 대상자가
아닌데도 나도 너무 외롭다, 나도 지금 은둔 중이다, 이렇게
이야기하시는 분이 계세요. 외롭다는 이야기를 사람들이
굉장히 자주 합니다. 앞서 외로움이 감염되지 않는다는
이야기가 있었는데, 사실 바이러스는 있는 것 같습니다. 외로움
바이러스는 돌아다니고 있는 것 같아요. 우리는 이 외로움이
이상한 게 아니라 너무 자연스러운 것이라는 이야기도 하고
있어요. 그만큼 은둔은 부끄럽거나 숨겨야 할 일이 아니고

important in their generation, and they do not seem to understand the urgency of the changing values within an environment that makes it difficult to reach them. There is such a difference in thinking between generations. Everyone's way of thinking needs to change a little bit. I think the older generation needs to be a little more open to diverse perspectives. University entrance exams and regular jobs at large corporations are considered important, and many Korean youth feel lonely because they feel like they are being eliminated from them. If their elders tell them more often that this is not the only path, Korean youth will feel more secure and hopeful that they can communicate with people more sincerely. We do not talk to each other about it, but, in fact, there may be more people who think similarly than we think. Some people may seem more representative and significant because their voices and their projection through speakers heard in the media are loud, but they may not be the majority. The norms we know may not actually represent everyone's thoughts. I think the starting point of change is to continue to communicate with each other about our various thoughts.

HEEJUNG PAIK

Loneliness is a natural thing

When I tell others that I work at the Gwangju Hikikomori Support Center, some say, "I'm so lonely, I'm in reclusion right now," even though they're not the ones we need to support. People say they're lonely a lot. Earlier, there was talk about how loneliness isn't contagious, but it seems like there actually is a virus in the air. The loneliness virus seems to be circulating. We are also saying that loneliness isn't strange, but rather natural. Reclusion isn't something to be ashamed of or to hide, but something that can naturally occur in the times we live in. We need to accept this and work together as a

현재 우리가 살고 있는 이 시대에 나타날 수 있는 자연스러운 것입니다. 이를 받아들이고 은둔자들이 회복할 수 있도록 우리 사회가 더 같이 노력할 필요가 있겠습니다.

안전한 공간 마련하기

제가 은둔 당사자들을 만나서 은둔에서 회복하고 재고립과 재은둔이 없어지려면 어떤 도움을 주면 좋겠냐고 물어보면, 정책도 이야기하지만, 막상 집 밖으로 나가도 갈 곳이 없다는 것을 이야기합니다. 조금 전에 이야기했던 그 안전한 공간이 없다는 것이죠. 프로그램이나 센터를 이용하면 다 좋을 것 같지만, 프로그램이 끝났을 때 거기에서 맺어진 사람들과 또 헤어지게 되고, 어느 정도의 단절된 시간이 다시 있고, 그러다 보면 또 급격하게 고립감을 느낀다고 해요. 언제까지 이런 악순환을 계속 겪어야 하는지 고민합니다. 그럼에도, 센터가 프로그램을 운영하고 대면의 자조 모임을 활성화하는 것은 은둔 당사자들의 내공을 기르기 위해서입니다. 언제든지 재은둔, 재고립에 빠질 수 있는 여건들이 우리 사회에 조성되어 있지만 당사자들이 1년에 한 번 할 일을 센터의 자조 모임에서는 두세 번 할 수도 있고, 그렇게 하루라도 더 빨리 은둔에서 탈출할 수 있는 내공을 기를 수 있습니다. 이것이 센터의 역할 중 하나라고 생각해요.

사회로 나가는 경험을 주기

당사자들이 또, 사회로 잘 나갔으면 좋겠는데 사실은 일을 하려고 해도 자신들에게 일을 주지 않는다고 말합니다. 취약계층이라고 할 수 있는 은둔 당사자들이 지역사회에서 일할 수 있는 경험이나 유사한 기회의 장을 많이 마련해 주면 좋겠어요. 더불어 당사자들이 일하고 싶은 마음을 가질 수 있도록 회복하는 데 우리가 초점을 많이 맞추면 좋겠습니다.

society to help recluses recover.

Create safe spaces

When I meet with recluses and ask them what kind of help we can give them to recover from reclusion and avoid re-isolation and re-reclusion, they talk about policies, but they also say that they have nowhere to go once they leave their homes. There is no safe space for them, as mentioned earlier. It may seem like it would be good to use a program or center, but when the program ends, they have to separate from the people they met there, there is a certain amount of time of disconnection, and then they feel a sudden sense of isolation again. They wonder how long this vicious cycle will continue. Nevertheless, the center running the program and activating the face-to-face self-help group is to build the inner strength of the recluses. Korean society has conditions that can lead to re-reclusion and re-isolation at any time, but in a self-help group, they can do two or three times what they would do once a year, and in this way, they can build the inner strength to escape from reclusion a day sooner. I think this is one of the roles of the center.

Give people the experience of going out into society

Recluses also say that they wish they could go out into society, but in reality, even if they want to work, they are not given work. So, I hope that we can provide many opportunities for recluses, who may be considered a vulnerable group, to work in the community or similar opportunities. We should focus more on helping them recover so that they have the will to work.

Reclusion is also a career qualification, don't stigmatize it

은둔도 스펙이다, 낙인찍지 않기

마지막으로, 은둔에서 회복하고 있는 한 청년에게 어떤 마음가짐으로 회복하려 하는지 물어본 적이 있는데, 그 친구가 『스물아홉 생일, 1년 후 죽기로 결심했다』[8]라는 책이 자신에게 도움이 되었다고 했습니다. 아주 비관적인 내용의 책으로, 주인공이 죽을 날짜를 정해 두고 자신의 버킷리스트 하나를 만들어서 오직 그것을 위해서 1년 동안 열심히 돈을 벌면서 사는 이야기라고 해요. 그런데 이 친구가 이 책을 읽는 중에 이태원 사고라든가 다른 사고에서 사람들이 죽는 것을 굉장히 많이 봤어요. 그래서 돌아가신 분들을 생각하면서, 나도 언제 죽을지 모르니까 하루하루 할 수 있는 것만큼 살아 보자, 내 배터리가 10%만 남아 있으면 이걸 100%로 채우려고 하지 말고 이 10% 한도 내에서 그래도 한번 최대한 해 보자고 생각했대요. 집에 있는 시간을 그냥 길을 헤매는 시간으로 생각하고 조금씩 열심히 살아 보기로요. 유승규 대표님께서 하신 말씀 "은둔도 스펙이다"처럼, 자신을 있는 그대로 받아들이는 겁니다. 은둔 청년들이 자신의 은둔이 부끄럽다고 그냥 숨는다거나, 사회가 그들을 뒤처져 있는 사람이라고 낙인찍지 않는다면 그들은 우리 사회에서 다시 사회 구성원으로서 자기 역할을 할 수 있을 것입니다.

서영석

외로움이 받아들여지는 공간

제 학생들에게 들었던 답변으로 마지막 말씀을 드리고 싶습니다. 감각적인 차원에서, 관계적인 차원에서, 제도적인 차원에서. 우선, 감각적인 차원은 무엇인가. 어떤 친구는 날이 좀 스산해지면

8. 하야마 아마리, 장은주 역. 2022. 『스물아홉 생일, 1년 후 죽기로 결심했다』. 서울시: 위즈덤하우스.

Lastly, I once asked a guy who was recovering from reclusion what kind of mindset he had to recover from reclusion. He said that the book, *On My 29th Birthday, I Decided to Die a Year Late* by Hayama Amari was helpful to him. It's a very pessimistic book. The main character sets a date for his death, making a bucket list, and working hard to earn money for a year just for that. While he was reading the book, he experienced many people dying in accidents like the Itaewon tragedy and others. So, while thinking about the people who passed away, he thought that since he might die at any moment, he should live each day as much as he can, and if he only has 10% of his battery left, he shouldn't try to fill it up to 100%, but should try to do his best within this 10% limit. Then he came to think of his time at home as just wandering around and decided to live diligently little by little. As Mr. You said, "Reclusion is also a career qualification," he was accepting himself as he is. If recluses do not hide because they are ashamed of their reclusion or if society does not label them as left-behind people, they will be able to play their roles as members of society again.

YOUNG SEOK SEO

A place where loneliness is embraced

Let me give you my final words based on the answers I heard from my students, on the sensory dimension, the relational dimension, and the institutional dimension. First, the sensory dimension. Some students said that when the weather gets a little dreary, they feel lonely, desolate, and alone. That's right. There is the Seasonal Affective Disorder (SAD)[8]. I studied in Minnesota, USA, and the winters are long there. I was always depressed and lonely. They also feel lonely when their legs get cold and it rains. So, I asked

[8]. Seasonal affective disorder (SAD) is a type of brain dysfunction that causes symptoms similar to depression, such as feeling lethargic or easily tired and feeling low in mood, only in certain seasons.

외롭다, 쓸쓸하고 외로울 때가 있다고 말합니다. 맞습니다.
'Seasonal Affective Disorder'[9]라는 게 있습니다. 제가 미국
미네소타에서 공부했는데 거기는 겨울이 길어요. 늘 우울하고
외롭습니다. 청년들도 다리가 시리고 비가 오면 외롭답니다.
그래서 그럴 때는 어떻게 하는지 물었더니, 그냥 사람들이 있는
데에 간다고 했습니다. 외로움은 감각인 것 같아요. 외롭고
너무 힘들면, 이상한 행동 할 것 같으면, 자해하는 친구들도
있었는데, 사람들이 있는 데 가서 자신이 사람들과 같이 있다는
감각을 느끼고 싶어 합니다. 청년들이 부담 없이 갈 수 있는
공간을 마련하는 게 필요합니다. 아무런 판단, 가치, 비교할
필요 없는, 그냥 가도 괜찮은 그런 공간이 많이 만들어졌으면
좋겠어요. 그러면 외로움의 감각이 어루만져지지 않을까
생각합니다.

덜 엄격한, 수용하는 사회

두 번째로 관계적인 차원. 제가 은퇴할 때 가장 후회할 게
무엇일지, 요즘에 하나 떠올랐어요. 좀 덜 엄격할걸 그랬다.
저한테도 엄격했지만, 학생들한테, 주변에 있는 사람들한테
너무 엄했던 것 같습니다. 그게 나중에 너무 후회될 것 같아요.
너무 소중하고 귀한 사람들일 텐데 왜 그렇게 엄격하고 무섭게
하고 거리감 느끼게 하고 외롭게 만들었을까, 괜찮다고,
있는 그대로 덜 엄격하게, 여유 있게 학생들을 대했더라면
좋았을 텐데. 좀 여유가 있으면 좋겠어요. 덜 엄격하고, 받아
주고, 수용하는 분위기가 사회에 문화적으로 만들어졌으면
좋겠습니다.

SNS 조심하기

마지막으로 제도적인
차원. 2025년 1월부터 미국

9. *계절성 정동장애*(Seasonal Affective Disorder, SAD). 어느 계절에만 몸이 나른하거나 지치기 쉽고 기분 저하 등 우울증과 비슷한 증상을 보이는 뇌기능 장애의 일종이다. 계절성 기분장애, 계절성 감정장애라고도 한다.

them what they do in those times, they said they just go to places where there are people. I think loneliness is a sensory thing. When they are lonely and too tired, when they feel like they are going to act strangely, some of them even self-harm, they want to go to places where there are people and feel like they are with people. We need to create a space where Korean youth can go without feeling burdened. I hope that there will be many spaces where they can just go without any judgment, value, or comparison. That will comfort their feeling of loneliness.

A less strict, more accepting society

Second, the relational dimension. I recently thought about what I will regret the most when I retire. I should have been less strict, I was strict also with myself, but I was too strict with my students and the people around me. I will regret that later. They must have been so precious and valuable to me later, why was I so strict with them and made them feel so scared, distant and lonely, it would have been better if I had treated my students less strictly and more leniently, telling them it is okay as they are. I wish that a less demanding, more accepting, and tolerant culture can be created in society.

Be careful on SNS

Finally, the institutional dimension. A law banning social networking service (SNS) accounts for children and adolescents under the age of 14 was implemented in Florida, USA, starting in January 2025[9]. Children and adolescents under the age of 14 cannot create SNS accounts. Even though Koreans

9. The state of Florida, USA, will implement a bill banning social networking service (SNS) subscriptions for children under the age of 14 starting in January next year. On the 25th of January (local time), Florida Governor Ron DeSantis signed and promulgated the Minors Online Protection Act (H.B. 3), which outlines these contents. In a statement, Governor DeSantis said, "SNS harms children in a variety of ways," and "H.B. 3 provides parents with greater ability to protect their children." (Source: Yonhap News https://www.yna.co.kr/view/AKR20240326005000071)

플로리다주에선 만 14살 미만 아동 청소년의 SNS 계정을
금지하는 법안이 시행되고 있습니다[10]. 만 14살 미만 아동
청소년은 SNS 계정을 만들 수 없습니다. 한국 사람들이
타인 지향적이고 격차로 인해서, 비교로 인해서, 경쟁 때문에
외롭다고 하면서도 청년들은 결국 SNS에 묶이게 됩니다.
그래서 SNS를 안 하게 할 수 있는 방법이 없을까 생각하지만,
그런 방법은 없고, 금지할 수도 없어서 고민하게 됩니다.
최은수 교수님 말씀처럼 SNS를 많이 사용하면 우울하고
불안해지는 게 사실입니다. 정신건강 지표가 뚝뚝 떨어져요.
SNS와 정신건강이 인과관계를 갖진 않아도, 상관관계는
꽤 높을 것 같습니다. 그러면 흡연이랑 똑같이, 페이스북이
동의하지 않겠지만, 어떤 문구를 넣을 수 있을 겁니다. "SNS
를 많이 사용하면 우울해질 가능성이 있습니다, 불안해질
가능성이 있습니다, SNS 과다 사용은 우울이나 불안을 초래할
수 있습니다" 등등. SNS에 들어가면 비교하고 우울해지고
외로워질 것이니까 좀 알고 하라는 경고문이지요. 제 학생들이
이런 제도 마련도 언급했습니다.

김효진

서영석 교수님 말씀에 굉장히 공감합니다. 사실 청소년들,
청년들은 SNS 콘텐츠에 굉장히 영향을 많이 받습니다. 특히
부정적인 것에는 더 그렇습니다,
베르테르 효과가 있을 만큼요.

외로움을 건강하게 드러내기

저는 일단 첫 번째로, 외로움
관련한 주제들을 계속
공론화해서 이야기해야 한다고
생각합니다. 공론화해서

10. 미국 플로리다주는 2024년 3월, 14살 미만 어린이의 사회관계망서비스(SNS) 가입을 금지하는 법안을 2025년 1월부터 시행한다고 밝혔다. 론 디샌티스 플로리다 주지사는 이 같은 내용을 골자로한 미성년자 온라인 보호 법안(HB 3)에 서명한 뒤 공포했다. 디샌티스 주지사는 성명에서 "SNS는 다양한 방식으로 아이들에게 해를 끼친다"라면서 "HB 3는 부모가 자녀를 보호할 수 있는 더 큰 능력을 제공한다"라고 말했다. 출처: 연합뉴스 https://www.yna.co.kr/view/AKR20240326005000071

are other-oriented, and because of the gap, comparison, and competition, Korean youth end up being bound to SNS. So, I wondered if there is a way to prevent people from using SNS, but there is no such way, and I cannot even stop them. It is worrying. As Professor Choi pointed out, if people use SNS a lot, they could become depressed and anxious. Mental health indicators drop sharply. SNS and mental health do not have a causal relationship, but the correlation seems to be quite high. Then, just like smoking, even though Facebook may not agree, we can add some warning labels: "If you go on SNS, there is a possibility of depression and anxiety; you will compare yourself, become depressed, and become lonely." It is a warning that excessive use of SNS can lead to depression or anxiety. My students mentioned establishing such a system.

HYO-JIN KIM

I totally agree with what Professor Seo said. In fact, teenagers and young adults are greatly influenced by SNS content. This is especially true for negative content, to the point where there is a Werther effect.

Express loneliness in a healthy way

I think, first of all, we need to continue to talk about loneliness in public. If we don't talk about it in public, people will go further and further into the shadows, and really, in a worse direction. I've seen many cases like that.

Don't trivialize loneliness and suicide

And, I have a request for those who are involved in the arts and culture or those who deal with cultural content. It is very important. I sometimes feel that society may have become too light, so words like suicide and loneliness are being treated too lightly. It is less so for those who are

이야기하지 않으면 더 음지로 음지로, 정말 심하게 더 나쁜 쪽으로 사람들이 갈 수 있어요. 그런 경우들을 많이 봤습니다.

외로움과 자살을
쉽게 다루지 말자

그리고, 문화예술 하시는 분들이나 문화 콘텐츠를 다루시는 분들에게 부탁드리고 싶은 것이 있습니다. 굉장히 중요한 이야기예요. 사회가 너무 가벼워진 것인지, 자살이나 외로움 같은 단어들을 너무 가볍게 다루고 있다고 느낄 때가 있어요. 순수 문화예술을 하시는 분들은 좀 덜하지만, 특히 SNS 에서는 굉장히 자극적인 콘텐츠가 많아지고 있고요. 드라마나 영화 또한 마찬가지입니다. 극 중 사회 지도층 인물이 문제를 해결하는 방법으로 자살을 택하는 경우가 많은데, 제발 그렇게 안 썼으면 좋겠어요. 사람들이 그런 이야기를 보면서 목숨을 가볍게 여기게 되고, 자살을 선택하는 것을 합리적인 선택이라고 생각하게 됩니다.

외로움의 감정 존중하기

또 사람들이 외로운 게 바쁘지 않아 그렇다는 식의 생각을 하지 않았으면 합니다. 외로움의 감정을 좀 존중해 줬으면 좋겠습니다. 청년들이 외롭다고 이야기할 때 귀를 기울여 주는 어른들이 한두 명씩 더 생기면, 그런 집단이 더 많아지면, 그래서 자신이 안전한 사회에 있다고 느끼고 누군가한테 말할 수 있는 대상이 있다고 느끼는 청년들이 좀 더 많아지면, 외로움이라는 감정을 존중해 주는 사회가 될 수 있을 거라는 생각을 해 봅니다. 시간은 정말 많이 오래 걸리겠지만요.

정소익

우리가 오늘 나눈 이야기가 우리 자신을 바꿔야 한다, 생각을

involved in the fine arts, but there is an increasing amount of very provocative content, especially on SNS. The same goes for dramas and movies. In dramas, the characters, such as social leaders, choose suicide as a way to solve their problems. I would like to beg playwrights not to write such stories. When people see such stories, they take life lightly, and they think that choosing suicide is a rational choice.

Respect feelings of loneliness

In addition, I hope people don't think that being lonely is because they're not busy. It would be good if people respected the feeling of loneliness. If there were one or two more adults who would listen to young people when they talk about their loneliness, if there were more groups like that, and if there were more young people who felt that they were in a safe society and had someone they could talk to, although it would take a really long time, then we could have a society that respects the feeling of loneliness.

SOIK JUNG

I think today's discussions have concluded that we need to change ourselves, we need to change our thinking, and we need to reflect on Korean culture. We already know this, but it seems really hard.

If there is anyone in the audience who would like to speak up, please do so.

MICHELA LINDA MAGRÌ

First of all, I would like to thank everyone who contributed to today's discussion on a huge issue not only in Korean society but also in contemporary society as a whole. All the experts involved discussed this together and we all shared this reflection.

바꿔야 한다, 너무 위만 바라보는 한국인 특유의 문화에 대한 성찰이 필요하다는 쪽으로 귀결되는 듯합니다. 알면서도 참 힘든 것 같습니다.

청중분들 중에 이야기하고 싶으신 분은 말씀 주시기를 바랍니다.

미켈라 린다 마그리

우선, 한국 사회뿐 아니라 현대 사회 전체의 거대한 문제에 관한 오늘 논의에 이바지한 모든 분에게 감사드립니다. 관련된 모든 전문가가 함께 논의하고, 우리 모두 이 성찰을 함께 나눴습니다.

<u>가족, 학교, 모든
사회화 기관의 책임</u>

저는 외로움 논의의 결론을 찾기 위해 다양한 연령대, 즉 어린이, 성인, 청소년 모두를 고려해야 한다고 느낍니다. 2025년 1월에 미국에서 시행되는 법률 이야기를 인상 깊게 들었는데, 법률가의 한 사람으로서 저는 특정 나이 미만의 청소년들이 SNS에 들어가지 못하게 하는 것으로 문제가 해결되지 않는다고 생각합니다. 금지 조치로만 대응할 수 없기 때문입니다. 만약 이런 조치가 나타난다면 역효과가 있을 것입니다. 즉, 상황을 더 악화시키는 것이지요. 대신 제가 생각하는 것은 가족의 가치, 그리고 우리가 성장하면서 속하게 되는 모든 집단을 우리가 다시 살펴보자는 것입니다. 성격은 가정에서 자라면서 형성됩니다. 그다음에 학교가 있고, 대학이 있어요. 우리가 성장하는 이 모든 사회화 기관에는 각각 부인할 수 없는 책임이 있습니다. 문제 밖에서 해결책을 찾을 수는 없습니다. 결과가 있으면 반드시 그 원인이 있습니다. 우리가 모두 사회의 한 부분을 대표하기 때문에, 또 아이와 어른은

Responsibilities of families, schools, and all social institutions

I feel that we should consider all age groups, children, adults, and youth, to find a conclusion to the discussion on loneliness. I was impressed by the story of the law that started to be implemented in the United States in January 2025. As a lawyer, I do not think that the problem will be solved by banning children under a certain age from using social media. Because we cannot respond with just a ban. If such a measure were to be implemented, it would be counterproductive. In other words, it would make the situation worse. Instead, what I think is that we should reexamine the values of the family and all institutions that we belong to as we grow up. Character is formed in the family. Then there is school, and then there is university. Each of these social institutions where we grow up has an undeniable responsibility. You cannot find a solution outside the problem. If there is a certain result, there must be a cause. We must not forget, since we all represent a part of society, and since children and adults are formed in a certain context, that it is most important to remember that each of us must take responsibility and become an agent of change in our own place.

I wanted to share such reflections. I learned a lot from today's forum. I have come to think we have a lot of problems and we can't find solutions to all the problems that we've raised. However, we need to be more responsible and really try to find ways to help the many young people and people who are struggling with loneliness.

ATTENDEE 1

The online community illusion: it's okay to be alone

Hello, everyone. Thank you for the forum.

특정 맥락 속에서 형성되기 때문에, 각자 있는 곳에서 책임을 지고 변화의 주체가 되어야 한다는 사실이 가장 중요함을 잊지 말아야 합니다.

저는 이러한 성찰을 나누고 싶었어요. 오늘 포럼에서 많이 배워 갑니다. 사실 우리가 많은 문제를 가지고 있고 우리가 제기한 모든 문제에 대한 해결책을 찾을 수 없다는 생각이 강해집니다. 그러나 우리는 더 책임감을 가져야 합니다. 그리고 외로움의 문제를 겪고 있는 많은 청년과 사람들을 돕는 방법을 찾기 위해 정말로 노력해야 한다고 생각합니다.

청중1

<u>온라인 커뮤니티의 착각,
혼자여도 괜찮다</u>

안녕하세요. 포럼 잘 들었습니다. 저는 은둔형 외톨이 출신으로서 포럼을 들으면서 몇 가지 짚고 넘어가고 싶어요. 일단, 온라인 커뮤니티에 관해서 말씀드리겠습니다. 저는 20살이 되고 나서 자취를 시작하고 딱히 연고가 없는 곳에서 생활하면서 온라인 커뮤니티로부터 위로를 아주 많이 받았어요. 커뮤니티 사람들이 친구 같다고 여기면서 대학 생활을 했고요. 그래서 저는 제가 혼자여도 괜찮은 줄 알았습니다. 사실은 온라인 커뮤니티에서 만나는 사람들이 저의 무언가를 지탱해 주고 있었다는 것을 몰랐습니다. 그걸 좀 더 나이가 들어서 알게 되었습니다. 아까, 사람들이 인터넷을 통해 나는 전보다 덜 외롭다, 심심하지 않다고 생각한다는 이야기가 있었습니다. 저는 그것이 온라인으로나마 사람들과 같이해서 그렇게 느끼는 것이고, 실제로는 혼자 있는 시간을 보내는 법을 모르는 사람들이 아주 많다고 생각합니다.

As a person who used to be a recluse, I thought it would be good to go over a few things while listening to the forum. First, let me talk about online communities. After I turned 20, I started living alone where I didn't really have any connections. I received a lot of comfort from online communities and thought of the people in the community as my friends while I was in college. So, I thought I was okay being alone. I didn't know that the people I met in online communities were supporting me. I actually realized that when I got older. Earlier, I heard that people think that they are less lonely and less bored than before through the Internet. I thought that was because they are with people online, and that in reality, there are a lot of people who don't know how to spend time alone.

Develop a healthy relationship with oneself

The issue of relationships was also mentioned repeatedly, I thought that there wasn't enough mention of establishing a relationship with oneself. Of course, I know that we need relationships with others and that we can get a lot of happiness from those relationships, but not everyone is lucky enough to find someone like that. Education, time, and awareness about how to build a good relationship with oneself would be necessary first.

Create spaces to gather

And speaking of community, when we grow up in Korea, there aren't many opportunities to make friends or acquaintances outside of the basic tracks of school and work. I received a lot of help in escaping from being a reclusive loner through communities where I could build relationships without being judged or with something I like, rather than meeting people out of necessity. I think that there should be more such groups, or places like that,

자신과 건강하게 관계 맺기

관계에 대한 문제도 계속 언급되었는데, 사실 자기 자신과 관계를 맺는 것에 대한 언급은 좀 부족했던 것 같습니다. 물론 타인과 관계가 필요하고 그 관계로부터 엄청나게 행복감을 얻을 수 있다는 걸 저도 알고 있지만 모두가 운 좋게 그런 사람을 찾을 수 있는 건 아니니까, 그래서 자신과의 관계를 잘 맺는 것에 관한 교육이나 시간, 그런 인식이 우선 필요하다고 생각합니다.

모일 수 있는 공간 마련하기

그리고 커뮤니티에 관해 말씀드리면, 한국에서 자란 사람이 학교, 직장, 이렇게 기본적으로 깔고 가는 트랙 말고 그 밖에서 친구를 사귀거나 지인을 만들기가 사실 쉽지 않습니다. 저는, 필요해서 만나는 사람들 말고 제가 좋아하는 것이라든지, 평가받지 않고 관계를 맺을 수 있는 커뮤니티를 통해서 은둔형 외톨이에서 벗어나는 데 도움을 많이 받았어요. 그런 모임이 필요하고, 그런 공간이 더 있었으면 좋겠습니다. 청년들이 모일 만한 자리가 있으면 좋겠습니다.

정소익
말씀 감사합니다. 자신과의 관계를 잘 맺는 것이 굉장히 중요할 것입니다. 자기 자신이 똑바로 서야 세상과 똑바로 마주할 수 있겠죠. 그게 쉽지 않으니까 다들 힘들어하는 것 같습니다.

유승규

좋은 중재자가 많아야 한다

저도 오늘 공부가 많이 됐습니다. 많은 생각이 드네요. 진정한 회복은 뭐고 재고립이 안 되려면 도대체 뭘 갖춰야 하는가, 나는 재고립이 안 될 수 있을까, 이런 생각을 하게 됩니다.

and places where young people can gather.

SOIK JUNG

Thank you for your words. It is very important for anyone to have a good relationship with oneself. We have to stand up straight to face the world straight. It is not easy, so many people would have a hard time.

SEUNGGYU YOU

<u>We need a lot of good mediators</u>

I also learned a lot today. I had a lot of thoughts: what is true recovery, what do I need to do in order not to be re-isolated, am I able not to be re-isolated? I think these problems still exist even though there are many good communities. I have been receiving counseling for a long time and have been to good groups, but also there are conflicts. Then, there are times when I cannot belong there, and at those times, I feel even more lonely and lose twice as much imagination. I sometimes think, 'Can I not fit in here?' But I think this is because I have lost some objectivity without good mediators. There are too many attackers, so there should be many more jobs that can act as healers when people are hurt. I think that number is significantly lower now. With people like panelists here who are so kind and nosy, some might think, 'should I try to talk to that person?', but that's a really lucky case. I think that a safe space, a good mediator is absolutely necessary for recovery through relationships. For a good community to exist, there need to be many good mediators. What is different about Not Scary Company and what it does is that people who have gone through a long process of reclusion live together, and people who have had some level of reflection give advice in times of crisis. If one complains she/he has only been to a counseling center once in her/his life and it wasn't good, and she/he will never go again, there should be

좋은 커뮤니티가 늘어나도 이런 문제들이 여전히 있는 것 같아요. 저도 상담을 오랫동안 받아 왔고 좋은 단체에도 갔지만, 거기서도 갈등이 생깁니다. 그러면 어느 순간 거기에도 소속되지 못할 때가 있는 것 같고, 그때는 훨씬 더 외로워지고 상상력을 두 배로 잃어버릴 때가 있고요. 여기에서마저 내가 어울릴 수 없는 것인가, 이런 생각이 들기도 하거든요. 그런데 이것은 좋은 중재자가 없어서 객관성을 잃어버리게 되면서 갖게 되는 생각인 것 같습니다. 공격하는 사람들이 너무 많으니까 다쳤을 때 치유자 역할을 해 줄 수 있는 직업이 훨씬 많아져야 하는데, 지금은 그 숫자가 현저히 적은 것 같습니다. 여기 계신 분들처럼 아주 다정한 오지랖을 부려 주시는 분들이 있다면 누군가는 '저 사람에게 한번 이야기해 볼까?' 생각할 수도 있겠지만, 그것은 운이 정말 좋은 경우입니다. 저는 안전한 공간, 관계로서 회복하는 것에는 좋은 중재자가 반드시 포함되어야 한다고 느껴요. 좋은 커뮤니티가 존재하려면 좋은 중재자들이 많아져야 해요. 안무서운회사가 뭐가 다르지, 우리 회사가 하는 게 뭐가 다를까, 생각해 보면 꽤 지난한 은둔의 과정을 겪었던 사람들이 같이 살아 준다는 것, 그 성찰이 어느 정도 있었던 사람들이 위기의 순간에 조언을 해 준다는 것입니다. 누군가가 태어나서 한 번밖에 상담센터에 안 가 봤는데 별로라고 한다, 다시는 안 간다고 한다면, 사실 객관적이지 않을 수 있는 이야기더라도, 상담에도 학파가 여러 가지 있더라, 좀 기다려 주는 상담은 나랑 안 맞던데 해결 중심으로 상담을 받아 보면 어때, 이런 이야기를 해 줄 수 있는 사람들이 더 많아져야 한다고 생각해요.

부담 없이 갈 수 있는 공간

그리고, 오늘 교수님들의 진정성 있는 이야기들이 재미있었는데, 그중에 갈 수 있는 곳이 있어야 한다는 말씀에 굉장히 동의합니다. 내가 나인 그대로 있어도 되는

more people who can say, "There are many schools of counseling, and I don't like counseling that waits. Why don't you try solution-focused counseling?", even if it may not be objective.

Places to go with ease

And, I enjoyed the professors' sincere discussions today, and I also really agree with their statement that there should be a place where recluses can go. A space where recluses can be themselves. The project *Ibasho*[10] in Japan intentionally does not even have a sign. These days, institutions like the National Museum of Modern and Contemporary Art, and the Central Library are contacting Not Scary Company to say that they will be open at night so that recluses can come. Just as difficult as it is to access the SOS Life Line during the day, at night on the contrary there is a time when all the guilt is gone and one's activity level rises slightly. If there are more spaces where recluses can go out, during this time when one feels less depressed, it can lead to the courage to go out also during the day. When I was a recluse for a long time, I couldn't go to the hair salon. In my standards, the hair salon was too fancy, and there were people who got dressed up there, and I didn't wash for months, didn't know what to wear, so I didn't get motivated even when my mother gave me money to get my hair cut. There are many places that aren't used at night. Just giving them access to those fancy spaces can give recluses a sense of imagination. This will be the role that society can play.

10. *Ibasho* is a unique Japanese term that is difficult to translate into Korean, and it is a concept established through discussions in various fields such as education, psychology, and sociology. According to the definition of the Ministry of Health, Labor and Welfare, which has been promoting the social ibasho creation support project targeting households receiving welfare benefits since 2011, "Ibasho" means "a place where one can feel accepted and respected in social relationships." (Source: Bokji Times http://www.bokjitimes.com)

공간. 일본에서 하는 이바쇼[11] 사업은 일부러 간판도 안
만듭니다. 요즘 국립현대미술관이나 중앙도서관 같은 곳들이
안무서운회사에 은둔 당사자들이 올 수 있도록 야간 개방을
해 주겠다는 반가운 연락을 주고 있습니다. 주간에는 SOS
생명의전화에 접근하기 힘들듯이, 반대로 야간에 그나마 모든
부채감이 떨어지고 살짝 활동력이 올라오는 시간이 있습니다.
덜 우울해지는 시간, 그때 당사자가 그 상태로도 나갈 수 있는
공간이 늘어난다면 주간에 나갈 수 있는 용기로 이어질 수
있다고 생각해요. 저도 오랫동안 은둔했을 때 미용실에 못
갔어요. 제 기준에 미용실은 너무 멋있는 곳이고, 거기에는
꾸밈을 하는 사람들이 있고, 저는 수개월간 씻지도 않고
무슨 옷을 입어야 될지도 모르겠는데 어머니께서 머리라도
자르라고 용돈을 주셔도 동기 부여가 안 됐습니다. 야간에
안 쓰이는 공간이 많이 있습니다. 그런 아주 멋진 공간들에
갈 수 있게끔 해 주는 것만으로도 은둔 당사자들에게 하나의
상상력을 줄 수 있어요. 저는 이것이 사회에서 할 수 있는
역할이라고 생각합니다.

좀 허술한, 안 무서운 사람

마지막으로, 저는 이 정도면 진짜 많이 회복했다고 생각한
친구들이 갑자기 죽어 버리는 경우를 너무 많이 봤습니다.
그들의 장례식에도 많이 갔었고요. 그 장례식에서 제가
공통으로 느꼈던 것은 부모님이 제가 아는 것보다 자녀에
대해서 아는 게 없다는
것이에요. 굉장히 비극이라고
느꼈어요. 부모를 포함하여
어른이라고 일컬어지는 분들이
은둔 당사자들에게 안 무서운
사람이면 좋겠습니다. 저
사람에게 이야기해 볼까, 그

11. '이바쇼'는 한국어로 번역하기 모호한 일본어 고유의 용어로서 교육학, 심리학, 사회학 등 다양한 분야의 논의를 거쳐 정립된 개념이다. 2011년부터 생활보호수급가구를 대상으로 사회적 이바쇼 만들기 지원 사업을 추진해 온 후생노동성의 정의에 따르면, '이바쇼'란 '사회적 관계 속에서 자신이 받아들여지고 존중받는다고 느낄 수 있는 장소'를 뜻한다.
출처: 복지타임즈 http://www.bokjitimes.com

An easygoing, not scary person

Lastly, I have seen many friends who I thought had really recovered a lot suddenly die. I have also been to many of their funerals. What I felt in common at those funerals was that parents knew less about their children than I did. I felt it was a great tragedy. I wish our elders, including parents, are not scary people to recluses. If recluses could just imagine talking to older adults, they would feel a little better. Professor Seo said, "Maybe I was too strict," and if I were to put it in my own words, it would be to show laxity. Continuing to work at the Not Scary Company, I end up always working with professors or researchers. At first, I felt overwhelmed. I thought they must know a lot more about things I was curious about than I did, and that they must be great and incredibly sophisticated. But one rainy day, I really didn't want to go to an event, and I was 30 minutes late, but when I got there, I was the only one there. What I felt at that time was laxity and humanity. When I was taking classes at school, I didn't have many opportunities to feel it, but I felt it when I worked with them as colleagues. Now, there are a lot of researchers that I can contact, and I think that's one of the driving forces that has kept me from becoming isolated. It would be good if the older generation stopped being scary and showed some laxity. They don't have to teach young people in such a scary way. I think young people can still take their words seriously. "Not Scary Person" should be applied to parents and families as well. A society where our elders can show a laxity that is a little different from the laxity that leads to the complete loss of faith. And a mediator. These are the core things I felt today. Thank you.

정도 상상력만 생겨도 은둔 당사자들이 조금 더 괜찮아질
것입니다. 서영석 교수님 말씀 중에 '내가 너무 엄하지 않았나'
라는 성찰이 있었는데, 이것을 제 언어로 하자면 허술함을 보여
주는 것입니다. 안무서운회사 일을 지속하면서 어쩌다 보니까
제가 함께 일하는 대상이 늘 교수님이나 연구소장님들이어서
처음에는 너무 압도감을 느꼈습니다. 저들은 궁금한 것을
나보다 어마어마하게 잘 알고 있겠지, 엄청나게 대단하고
세련됐겠지, 생각했었죠. 그런데 어느 비 오는 날, 행사에
가기가 너무 싫었고 30분이나 늦었는데 막상 가 보니 저만
도착해 있었습니다. 그때 느낀 허술함, 인간미. 학교에서
수업을 들을 때는 느낄 기회가 별로 없었지만, 동료로서 같이
일하다 보니 느껴지는 것들이었습니다. 지금은 제가 연락할
수 있는 박사님들이 굉장히 많아졌고 그게 제가 지금까지
고립되지 않은 원동력 중의 하나인 것 같아요. 어른들이 겁 좀
그만 주고 허술함을 보여 줬으면 좋겠습니다. 그렇게 무섭게
안 가르쳐줘도 된다, 그러지 않아도 진지하게 느낄 수 있다고
생각해요. 부모, 가족 안에도 '안 무서운 사람'이 적용되어야
합니다. 좀 허술한, 신뢰를 완전히 잃어버리는 것과 좀 다른
허술함을 보여 줄 수 있는 사회. 그리고 중재자. 이 정도가 제가
오늘 느낀 핵심입니다. 감사합니다.

PUBLISHER

THE ITALIAN CULTURAL INSTITUTE IN SEOUL

The Italian Cultural Institute in Seoul, part of the Ministry of Foreign Affairs and International Cooperation, promotes the Italian language and culture in South Korea. The Institute collaborates with Korean partners to organize diverse cultural events throughout Korea, covering the performing arts—especially theater and dance—and visual arts, music, cinema, literature, fashion, cuisine, craftsmanship, design, and architecture, showcasing the excellence of Made in Italy in dialogue with Korean culture. In addition to preserving heritage, it supports contemporary art, playing a crucial role in identifying and promoting contemporary and emerging Italian artists increasingly sought after on the international scene. Through partnerships with Korean museums, the Institute hosts exhibitions at prestigious venues like the Art Sonje Center and the National Museum of Contemporary History. The recent collaboration with the Gwangju Biennale and the Bomun Welfare Foundation highlights its commitment to strengthening and promoting intercultural dialogue with South Korea.

iicseoul.esteri.it

CURATOR, EDITOR & AUTHOR

SOIK JUNG

Soik Jung conducts and links academic and cultural activities such as research, exhibitions, educational programs, and publishing on public art, architecture, urbanism, and community practice.

Recently she curated, as Co-Artistic Director, *2086: Together How?*, the exhibition of the Korean Pavilion at the Venice Biennale 2023; *Smaller Slower Closer* (2020-2021) sponsored by the Arts Council Korea; and *Architecture for All* at the Nam-Seoul Museum of Art (SeMA) (2020).

발행

주한이탈리아문화원

　　주한이탈리아문화원은 한국에 이탈리아 문화를 홍보하기 위해 활동하는 이탈리아 외교협력부 산하 기관이다. 공연 및 시각 예술, 음악, 영화, 문학, 패션, 요리, 공예, 디자인 등의 다양한 행사를 주최하여 'Made in Italy'의 우수성을 선보인다. 문화유산을 보존하고, 신진 예술가 후원을 통해 현대 미술 활성화를 지원한다. 그리고 한국 박물관과 협업하며 아트선재센터, 대한민국역사박물관 등 유수 장소에서 전시를 개최하고 있다. 최근 광주비엔날레 및 보문복지재단과 협력하면서 한국과 문화 교류라는 문화원의 역할을 더 강화하고 있다.

　　iicseoul.esteri.it

기획, 편집 및 집필

정소익

　　정소익은 공공미술, 건축, 도시, 지역사회 복지 실천을 주제로 연구, 전시, 교육 프로그램, 출판 등의 학술 활동과 문화예술 활동을 병행, 연계하여 수행하고 있다.

　　최근 활동으로 2023 베니스 비엔날레 한국관 전시 《2086: 우리는 어떻게?》의 공동 예술감독 및 큐레이터, 한국문화예술위원회가 후원한 공공예술프로젝트 《더 작게, 더 느리게, 더 가깝게》(2020-2021) 큐레이터, 서울시립남서울미술관 전시 《모두를 위한 건축》(2020) 큐레이터 등이 있다.

　　정소익은 2024년 한국과 이탈리아 수교 140주년을 맞아 양국 문화 교류의 폭과 밀도를 더욱 높이기 위해 제15회 광주비엔날레 이탈리아 국가관 큐레이터로 선정되어 전시 《외로움의 지형학》과 그 연계 프로젝트로 포럼과 출판물을 기획하였다.

　　도시학(계획) 박사, 사회복지학 박사.

As the year 2024 marks the 140th anniversary of the establishment of diplomatic relations between Korea and Italy, Jung was selected as the curator of the Italian Pavilion to further increase the breadth and density of cultural exchange between the two countries, planning and realizing the exhibition *Ministries of Loneliness* and its related projects—the forum and the publication.

Ph.D. in Urbanism, Ph.D. in Social Welfare.

ARTIST & AUTHOR

REBECCA MOCCIA

Rebecca Moccia (b. 1992, Naples) is an artist whose transdisciplinary practice explores the materiality of perceptive and emotional states that can emerge from specific social and spatial characteristics. Her works have been exhibited at the ICA Milano, Oberhausen International Short Film Festival, Fondazione Sandretto Re Rebaudengo, Jupiter Woods, Italian Cultural Institute Brussels, OGR Torino, Museo Novecento, and Mazzoleni London-Torino, among others. In 2021, she won the Italian Council international research grant issued by the Italian Ministry of Culture for *Ministry of Loneliness*, extensive research on loneliness later supported by Outset Partners and Careof Milan.

Moccia is among the founding members of Art Workers Italia.

CONTRIBUTORS

MICHELA LINDA MAGRÌ

Director at the Italian Cultural Institute in Seoul and Cultural Attaché of the Embassy of Italy in Korea, lawyer. She started her career for the Government of Italy in the Ministry of Justice. She worked with young detainees

작가, 집필

레베카 모치아

레베카 모치아(1992년 나폴리 출생)는 특정한 사회적, 공간적 상황에서 나타날 수 있는 인식 및 감정 상태의 물질성을 다학제적으로 탐구하는 예술가이다. 그녀의 작품은 ICA 밀라노, 오버하우젠 국제 단편 영화제, 산드레토 레 레바우덴고 재단, 주피터 우즈, 벨기에 주재 이탈리아문화원, OGR 토리노, 노베첸토 박물관, 마촐레니 런던-토리노 등에서 전시되었다. 2021년에 이탈리아 문화부의 이탈리아위원회 국제연구기금, 이어 아웃셋 파트너스 및 케어오브 밀란의 지원을 받아 외로움에 관한 광범위한 연구인 《Ministry of Loneliness》를 수행하였다.

아트 워커스 이탈리아 설립 멤버이다.

집필 참여 및 도움

미켈라 린다 마그리

주한이탈리아문화원 원장, 주한이탈리아대사관 문화무관, 변호사. 이탈리아 정부 법무부에서 경력을 시작했다. 법무부에서 근무하는 동안 젊은 수감자들과 함께 일하면서 미성년자의 권리 보호를 위해 다양한 자원봉사를 하는 한편, 카타니아(시칠리아) 청소년 법원에서 가족 문제가 있는 미성년자 양육권 사건의 큐레이터 및 튜터로 활동했다.

2000년부터 외무부에서 이탈리아 문화를 해외에 홍보하는 일을 전문적으로 하기 시작했다. 두 차례에 걸쳐 9년 이상 인도네시아에서, 또한 미국(로스앤젤레스)에서도 약 6년 동안 근무했으며, 2018년 인도네시아에서 귀국한 후 2년간 로마 외무부 국제협력부 근무에 이어 2021년 6월부터 서울에서 주한이탈리아문화원장을 역임하고 있다.

during her work at the Ministry of Justice. Among her civil commitments, in addition to various volunteer work to protect the rights of minors, she was appointed as curator and tutor in many cases of custody of minors with family problems by the Juvenile Court of Catania (Sicily).

From 2000, she started her career in the Ministry of Foreign Affairs, specializing in the promotion of Italian culture abroad. She spent more than nine years in two different periods working in Indonesia. She also has worked in the USA (Los Angeles) where she spent a period of almost six years. She arrived in Seoul on June 21, 2021, from the Ministry of Foreign Affairs and International Cooperation, Rome where she spent two years after she returned from Indonesia in 2018.

VALENTINA BUZZI

Valentina Buzzi is an Italian curator and Ph.D. candidate researcher based between Europe and South Korea, where she works in connecting the two regions through exhibitions and cultural events. Recent curatorial roles include the first Italian Pavilion at the 14th Gwangju Biennale, and the exhibition *La Maison de La Lune Brûlée* at the 60th Venice Biennale. She currently serves as curatorial researcher at the Park Seo Bo Foundation, and as Senior Program Manager at Loop Lab Busan, the Korean chapter of Loop Film Festival. She is a Ph.D. candidate in Socio-Cultural studies at the Graduate School of International Studies of Hankuk University in Seoul.

HYO-JIN KIM

Ph.D. in Social Welfare. She has conducted research and public welfare projects in the fields of corporate social responsibility, social economy, and ESG at organizations such as Samsung Electronics, the Korea Institute for Health and Social Affairs, and the Life Insurance Social Contribution Foundation. She also teaches at Soongsil University, Soongsil Graduate School of Social Welfare,

발렌티나 부찌

발렌티나 부찌는 유럽과 한국을 오가며 전시와 문화 행사를 통해 두 지역을 연결하는 일을 하고 있는 이탈리아 큐레이터이자 박사 과정 연구자이다. 최근 제14회 광주비엔날레의 첫 번째 이탈리아관과 제60회 베니스 비엔날레의 《달집 태우기》를 기획하였다. 현재 박서보재단 큐레이터 연구원, 루프 영화제 한국지부인 루프 랩 부산의 수석 프로그램 매니저로 재직 중이다. 서울 한국외국어대학교 국제대학원에서 사회문화학 박사 과정을 수료하였다.

김효진

사회복지학 박사. 삼성전자, 한국보건사회연구원, 생명보험사회공헌재단 등에서 기업 사회공헌, 사회적 경제, ESG 분야의 연구와 공익 사업을 진행해 왔으며, 숭실대학교, 숭실사회복지대학원, 서울디지털평생교육원 등에서 강의를 하고 있다. '한국의 자살예방정책 형성과정 분석 연구'를 통해 박사학위를 취득한 후, 생명문화학회 이사로서 자살예방을 위한 다양한 학술활동을 펼치고 있으며, 생명보험사회공헌재단에서 청소년 자살예방 캠페인 '다들어줄개'를 진행하며 자살 문제를 사회적 의제로 다루고 생명존중 문화를 확산시키는 데 기여했다. 또한 건강한 물이 부족한 국가를 위한 사회적 기업(예정)인 주식회사 위시빌더를 창업하여 직접적인 사회 실천을 실행하고 있다.

백희정

백희정은 광주 지역에서 활동하고 있는 공익활동가로 성평등, 인권, 5·18, 청년정책 분야에서 교육, 컨설팅, 모니터링 등 애드보커시 활동을 하고 있다. 최근 노벨 문학상을 받은 한강 작가가 영향을 받았다고 알려진 책인 『광주, 여성』(2012)의 기획 및 구술 채록에 참여한 바 있다.

2022년부터 전국에서 최초로 설치된 광주광역시은둔형

and the Seoul Digital Lifelong Education Institute. After earning her doctorate with her research titled, "Analysis of the Process of Forming Suicide Prevention Policies in Korea," Dr. Kim has been actively engaged in academic activities for suicide prevention as a board member of the Life Culture Society. Through her work at the Life Insurance Social Contribution Foundation, she led the youth suicide prevention campaign *I'll Listen to You*, addressing suicide as a social issue and contributing to the spread of the culture of respect for life. She also founded WishBuilder, a social enterprise aimed at providing access to clean water in countries with water scarcity, thus directly engaging in social practice.

HEEJUNG PAIK

Heejung Paik is a public interest activist in Gwangju and is engaged in advocacy activities such as education, consulting, and monitoring in the fields of gender equality, human rights, the May 18 Gwangju Uprising, and youth policy. She participated in the planning and recording of the oral history of *Gwangju, Women* (2012), a book known to have influenced Han Kang who recently won the Nobel Prize for Literature.

Since 2022, she has been working at the Gwangju Hikikomori Support Center, the first of its kind in Korea, and is currently serving as the director, creating a model for supporting reclusive and isolated people for the public sector. Through the step-by-step process and dispositional support tailored to the characteristics of hikikomori and isolated people, the center helps the parties to recover and become the members of society they wish to become.

www.gjtory.kr

YOUNG SEOK SEO

Young Seok Seo is a professor of counseling education in the Department of Education at Yonsei University.
He majored in psychology in his undergraduate studies and

외톨이지원센터에서 일하고 있으며 현재 센터장을 역임하면서 공공 영역에서 은둔형 외톨이 발굴 및 지원체계 모델을 만들어 가고 있는 중이다. 은둔형 외톨이 특성에 맞는 단계별·성향별 지원으로 당사자들이 잘 회복해 각자가 원하는 사회구성원이 될 수 있도록 돕고 있다.

www.gjtory.kr

서영석

심리학 및 상담심리학 전공. 현재 연세대학교 교육학부 상담교육전공 주임교수로 재직 중이며, 외로움, 애착, 트라우마, 외상 후 성장 관련 연구 등을 수행하고 있다.

최근 'Exploring Loneliness among Korean Adults: A Concept Mapping Approach', '한국인의 외로움: 개념적 정의와 측정에 관한 고찰' 등 한국인의 외로움을 연구한 논문의 발표에 이어 관련 책과 후속 논문 출간을 준비하고 있다.

유승규

유승규는 자신의 5년간의 은둔 경험을 바탕으로 은둔 및 고립 청년과 그 가족을 지원하는 사회적 기업 (주)안무서운회사를 창업했다. 이 회사의 대표 프로그램으로는 공동생활 셰어하우스와 은둔 경험 당사자를 치유자로 양성하는 '은둔고수' 양성과정이 있다. 유 대표는 광주광역시은둔형외톨이지원센터(2022), 서울 은둔 및 고립 지원센터, 보건복지부의 은둔 및 고립 청년 실태조사(2023) 등 다양한 공공 프로젝트에서 자문 및 운영위원으로 활동해 왔다.

민간 부문에서는 카카오 브라이언펠로우 4기(2023) 사회혁신가로 선정되며 그 활동을 인정받았다. 최근에는 인식 개선을 목표로 한 미디어 프로젝트에 집중하며 안무서운 시리즈와 히키코모리 시리즈 같은 콘텐츠를 제작하고 있다.

www.notscary.co.kr

counseling psychology in graduate school.
Currently, he is conducting research on loneliness, attachment, trauma, and post-traumatic growth.

Recently, he has published papers on the loneliness of Koreans, including "Exploring Loneliness among Korean Adults: A Concept Mapping Approach," "A Study on the Conceptual Definition and Measurement of Korean Loneliness," and he is preparing to publish additional, related books and papers.

SEUNGGYU YOU

Seunggyu You founded the Not Scary Company, a social enterprise dedicated to supporting socially withdrawn and isolated youth and their families, inspired by his own five-year experience of social withdrawal. The company's flagship programs include shared housing initiatives and the 'Hikikomori Master' training course, which empowers individuals with lived experiences of social withdrawal to become healing mentors. You has played key roles as a consultant and advisory board member for various public initiatives, including the Gwangju Hikikomori Support Center (2022), the Seoul Isolation and Withdrawal Support Center, and the Ministry of Health and Welfare's 2023 Survey on Socially Isolated Youth.

In the private sector, You was recognized as a social innovator in the 4th cohort of the Kakao Brian Fellows Program (2023). Recently, he has focused on creating awareness through media projects, including *Not Scary* and *Hikikonmori*, a coined series designed to serve as educational resources for families and supporters of hikikomori, offering guidance on effective approaches and strategies for engagement.

www.notscary.co.kr

EUNSOO CHOI

Eunsoo Choi is an associate professor in the School of Psychology at Korea University. She earned her doctoral

최은수

　최은수는 고려대학교 심리학부에서 교육과 연구를 하고 있다. 문화에 따라 달라지는 부정 정서/괴로움의 경험과 표현을 한국인과 미국인을 비교하는 연구로 박사학위를 취득했다. 인간의 심리적인 과정(정서, 행동, 인지)이 주변의 문화 사회적인 맥락 및 조건과 어떻게 관계를 맺고 있는지에 관심을 가지고 있다.

　최근에는 여섯 명의 심리학자들로 구성된 기관인 희망연구소(Institute for Hope Research)에서 '의미와 성장이 있는 삶'을 지향하는 연구와 확산 활동에 참여하고 있다.

degree with research focused on cultural differences in the experience and expression of distress. Her work explores the interaction between psychological processes—such as emotion, behavior, and cognition—and the socio-cultural environments in which they occur.

Recently, she joined a group of six psychologists to establish the Institute for Hope Research (IHR), an organization dedicated to promoting "a life of meaning and growth."

약력

EXHIBITION CREDIT

TIME & VENUE
September 7th, 2024 - January 31th, 2025
Donggok Museum

HOST
Gwangju Biennale Foundation

ORGANIZED BY
- Italian Cultural Institute in Seoul
- Bomun Welfare Foundation
- Donggok Museum

CURATOR & ARTISTIC DIRECTOR
Soik Jung

ARTIST
Rebecca Moccia

SUPPORTED BY
- Directorate General for Public and Cultural Diplomacy of the Ministry of Foreign Affairs and International Cooperation
- Embassy of Italy in Korea, Ambassador of Italy in Seoul, Emilia Gatto
- Bomun Welfare Foundation
- Mazzoleni, London - Torino

PARTNERS
- Institutional Partner: Seoul Institute of the Arts
- Sound Partner: Bang&Olufsen
- F&B Partner: Illy, Lauretana, Maeil Dairies Co., Ltd
- PR Partner: Mast Media

PROJECT MANAGEMENT
- Michela Linda Magri_Director of the Italian Cultural Institute in Seoul

EXHIBITION COORDINATION
Valentina Buzzi

ADMINISTRATIVE COORDINATION OF THE ITALIAN CULTURAL INSTITUTE IN SEOUL
- Erika Sfascia_Deputy Director
- Woosook Park
- Hyojin Kim
- Seohyun Shin
- Ikbom Joen
- Riccardo Barlocco
- Alessandra Dolci_Intern

GWANGJU BIENNALE FOUNDATION
- Yang-Woo Park_President
- Dusu Choi_Head of Exhibition Department
- Sung-eun Kang_Head of Pavilion Team
- Hayoung Kim_Coordinator

DONGGOK MUSEUM
- Jung Younghyun_President of Bomun Welfare Foundation
- Kim Junghun_Chief Curator
- Jeon Hyebin_Curator
- Park Sang Mi_Curator

VISUAL IDENTITY & GRAPHIC DESIGN
- Andrea Vecera Studio

PR & COMMUNICATION
- Valentina Buzzi
- Italian Cultural Institute in Seoul

TRANSLATION AND EDITING
- English_ Valentina Buzzi
- Korean_ Soik Jung

SOUNDSCAPE
Renato Grieco

ARTWORKS CONTRIBUTORS
- Production Coordinator_ Francesca Rossi
- Research Display_ Riccardo Rudi
- Video Editing_Ilenia Zincone
- Color Correction_ Giorgia Ripa
- Ceramics_Ivana Antonini
- Audio engineer_Ahn Changyong
- IT-EN Translations_ Giacomo Raffaelli
- EN-KR Translations_ Hankuk University of Foreign Studies Center for Interpreting and Translation, Soik Jung

WORKSHOP AT THE SEOUL INSTITUTE OF THE ARTS
- Tay Guhn Yoo_President
- HanSol Jeong_Dean of External Relations

전시 크레디트

일시 및 장소
2024년 9월 7일 - 2025년 1월 31일
동곡뮤지엄

주최
광주비엔날레재단

주관
- 주한이탈리아문화원
- 보문복지재단
- 동곡뮤지엄

예술감독 & 큐레이터
정소익

참여작가
레베카 모치아

지원
- 이탈리아 외교협력부 공공문화외교국
- 주한이탈리아대사관, 주한이탈리아대사 에밀리아 가토
- 보문복지재단
- 마촐레니 런던-토리노

협력
- 기관 협력: 서울예술대학교
- 음향 협력: 뱅앤올룹슨
- 식음료 협력: 일리, 라우레타나, 매일유업 주식회사
- PR협력: 마스트미디어

사업 총괄
- 미켈라 린다 마그리_주한이탈리아문화원 원장

전시 코디네이터
- 발렌티나 부찌

주한이탈리아문화원 행정 지원
- 에리카 스파시아_부원장
- 박우숙
- 김효진
- 신서현
- 전익범
- 리카르도 바를로코
- 알레산드라 돌치_인턴

광주비엔날레재단
- 박양우_대표이사
- 최두수_전시부장
- 강성은_파빌리온TF팀장
- 김하영_코디네이터

동곡뮤지엄(동곡미술관·박물관)
- 정영헌_보문복지재단 이사장
- 김정훈_학예실장
- 전혜빈_학예연구원
- 박상미_학예연구원

그래픽 디자인
- 안드레아 베체라 스튜디오

홍보 & 소통
- 발렌티나 부찌
- 주한이탈리아문화원

번역 및 감수
- 영문 - 발렌티나 부찌
- 국문 - 정소익

음향
레나토 그리에코

작품 제작
- 제작 코디네이터: 프란체스카 로씨
- 리서치 디스플레이: 리카르도 루디
- 영상 편집: 일레니아 진코네
- 영상 색상 수정: 조르지아 리파
- 도자 작업: 이바나 안토니니
- 음향 기술: 안창용

번역
- 이-영 번역: 쟈코모 라파엘리
- 영-한 번역: 한국외국어대학교 통번역센터, 정소익

서울예술대학교 워크숍
- 유태균_총장
- 정한솔_대외협력처장
- 정상우_대외협력부처장
- 안드레아 파치오토_지도교수
- 노융희, 정효진, 김유빛나라_행정지원
- 선요원, 아드리안 나사르 코디나, 야몰라이 미트라, 이가애, 이이서, 전온서, 전현지, 정시율, 채경민_참여자

특별 감사
에밀리아 가토_주한이탈리아대사

CREDIT

- Josh Sangwoo Jung_Associate Dean of External Relations
- Andrea Paciotto_Supervising Professor
- Yong Hee Noh, Hyo-Jin Jung, Yoobinnara Lisa Kim_Administrative Support
- Adrián Nassar Codina, Chae Kyungmin, Jeon Eunseo, Jeon Hyeonji, Jeong Siyul, Lee Gaae, Lee Yiseo, Mitra Yamollaei, Sun Yowon_Participants

SPECIAL THANKS TO
H.E. Emilia Gatto_Ambassador of Italy in Seoul

ACKNOWLEDGMENTS OF THE ARTIST
- Careof
- ICA Milano
- Italian Council X - Italian Ministry of Culture(DGCC)
- Magazzino Italian Art
- Nanzan University
- OUTSET

FORUM CREDIT

TIME & VENUE
January 18th, 2025
Donggok Museum

HOSTED BY
- Italian Cultural Institute in Seoul
- Bomun Welfare Foundation
- Donggok Museum

CURATED BY
Soik Jung

PARTICIPANTS (IN ORDER OF APPEARANCE)
- Soik Jung
- Seunggyu You
- Young Seok Seo
- Eunsoo Choi
- Heejung Paik
- Hyo-jin Kim
- Rebecca Moccia

SUPPORTED BY
Maeil Dairies Co., Ltd

작가의 감사
- 케어오브
- ICA 밀라노
- 이탈리아 위원회 X - 이탈리아 문화(DGCC)
- 마가지노 이탈리안 아트
- 난잔대학교
- 아웃셋

포럼 크레디트

일시 및 장소
2025년 1월 18일
동곡뮤지엄

주최
- 주한이탈리아문화원
- 보문복지재단
- 동곡뮤지엄

기획
정소익

참여자(등장순)
- 정소익
- 유승규
- 서영석
- 최은수
- 백희정
- 김효진
- 레베카 모치아

후원
매일유업 주식회사

LONELINESS
Rebecca Moccia's *Ministries of Loneliness*
and Timely Conversations

PRINTED IN
May, 2025

PUBLISHED BY
Italian Cultural Institute in Seoul

CURATED AND EDITED BY
Soik Jung

AUTHORS
Soik Jung
Rebecca Moccia

EDITING (ENG)
Alice S. Kim

PROOFREADING (KOR)
Gyeongeun Kang

BOOK DESIGN
Sunhee Yang (Gute Form)

PUBLISHERS & DISTRIBUTING
propaganda
16-2, Guyeong 4-gil, Gunsan-si,
Jeonbuk-do, Republic of Korea
T. 82-2-333-8459
F. 82-2-333-8460
graphicmag.co.kr

ISBN
978-89-98143-94-7

© 2025 Italian Cultural Institute in Seoul,
Propaganda, the authors, the artist,
the editor.

No part of the publication may be
reproduced, stored in a retrieval system, or
transmitted in any form or by any means,
electronic or mechanical, photocopying,
recording, or otherwise, without prior
written consent of the copyright holders.

Printed in Korea

Cover text by Soik Jung

외로움
레베카 모치아 '외로움의 지형학'과 시의적 논의들

발행일
2025년 5월

발행
주한이탈리아문화원

기획 및 편집
정소익

지은이
정소익
레베카 모치아

편집(영문)
김 앨리스

교열(국문)
강경은

북 디자인
양선희(구트폼)

출판 및 유통
프로파간다
전북 군산시 구영4길 16-2
T. 02-333-8459
F. 02-333-8460
graphicmag.co.kr

ISBN
978-89-98143-94-7

© 2025 주한이탈리아문화원, 프로파간다,
지은이, 작가, 편집자.

저작권자의 서면 동의 없이 무단전재와 복제,
사용을 금합니다.

표지 글 정소익